Das Petitionsrecht des bayrischen Landtags

im Sinne des Titel VII § 19 der Verfassungsurkunde vom 26. Mai 1818.

Eine historisch-dogmatische Studie

von

Dr. iur. Josef Schleip.

München 1909.
J. Schweitzer Verlag (Arthur Sellier).

Das Petitionsrecht des bayrischen Landtags

im Sinne des Titel VII § 19
der Verfassungsurkunde vom 26. Mai 1818.

Eine historisch-dogmatische Studie

von

Dr. iur. Josef Schleip.

München 1909.
J. Schweitzer Verlag (Arthur Sellier).

Druck: Dr. Fr. P. Datterer & Cie., Freising.

Inhaltsverzeichnis.

Literatur-Verzeichnis.

Cucumus, Dr. Conrad: Lehrbuch des Staatsrechtes der konstitutionellen Monarchie Bayerns 1825.

Dresch, Dr. Ludw. von: Grundzüge des bayerischen Staatsrechtes (Ulm 1823). I. Auflage.

Moy, Dr. Ernst von: Das Staatsrecht des Königreich Bayern, I. Teil: Verfassungsrecht Regensburg 1841.

Seydel, Dr. Max von: Bayerisches Staatsrecht II. Auflage 1896 (zitiert: Seydel, Staatsrecht I., II., III.).

Seydel, Dr. Max von: Das Staatsrecht des Königreich Bayern (sog. kleine Seydel) III. Auflage 1903.

Seydel, Dr. Max von: Staatsrechtliche und politische Abhandlungen (Freiburg i. B. 1893).

Seydel, Dr. Max von: Ueber Budgetrecht (aus deutsche Zeit- und Streitfragen. Hamburg 1889).

Rieker, Dr. Carl: Die rechtliche Natur der modernen Volksvertretung in Zeitschrift für Literatur und Geschichte der Staatswissenschaften von Frankenstein II. 1894.

Pözl, Dr. Josef: Lehrbuch des bayerischen Verfassungsrechtes, 1. Aufl. München 1851.

Von einem Reichsrate: Versuch über das Recht der Anträge nach der bayerischen Verfassungsurkunde. Erlangen 1836.

Gerber, C. F. von: Grundzüge eines Systems des Deutschen Staatsrechtes, Leipzig 1865.

Meyer, Dr. Georg: Lehrbuch des deutschen Staatsrechtes, VI. Auflage, Leipzig 1905.

Schulze, Dr. Hermann: Lehrbuch des deutschen Staatsrechtes. I. Buch: Das deutsche Landesstaatsrecht.

Martitz, Ferdinand von: Betrachtung über die Verfassung des norddeutschen Bundes. (Leipzig 1868).

Schulze, Dr. Hermann: Lehrbuch des deutschen Staatsrechtes. II. Buch: Das deutsche Reichsstaatsrecht.

Schulze, Dr. Hermann: Das preußische Staatsrecht. Bd. I.

Calker, Dr. Wilhelm van: Das badische Budgetrecht. I. Teil: Geschichtliche Entwicklung. Tübingen 1901.

Luthardt, A.: Blätter für administrative Praxis. Bd. 36.

Lerchenfeld, Gustav Frhr. von: Geschichte Bayerns unter König Maximilian Josef I., 1854.

Lerchenfeld, Max Frhr. von: Aus den Papieren des kgl. bayer. Staatsministers Max Frhr. von Lerchenfeld, Nördlingen 1887.

Heigel, Dr. Karl Theodor: Quellen und Abhandlungen zur neueren Geschichte Bayerns. München, 1884 Bd. I.

Weber, Carl: Neue Gesetzes- und Verordnungssammlung für das Königreich Bayern (zitiert Weber I., II., III. 2c.)

Rehm: Quellensammlung zum Staats- nnd Verwaltungsrecht des Königreichs Bayern. Leipzig 1903.

Die einzelnen benützten Verhandlungen der Kammer der Abgeordneten und der Kammer der Reichsräte wurden im Text nach Band und Seite zitiert; ebenso die einzelnen Gesetzblätter.

Einleitung.

Zu den umstrittensten Gebieten des bayerischen Verfassungsrechtes gehört neben dem Budgetrecht und dem Recht der Verfassungsbeschwerde das Petitionsrecht des Landtags, welches in Titel VII § 19 der Verfassungsurkunde vom 26. Mai 1818 seine Grundlage hat. Streitig war und ist noch heute einmal der Umfang des Petitionsrechtes, die Frage, welche Gebiete der Verfassungsurkunde einerseits und des ganzen staatlichen Lebens andererseits von dem Petitionsrecht umfaßt werden, streitig war und ist seine Abgrenzung gegenüber dem Recht der Gesetzes-Initiative, dem Rechte des Landtags, der Staats-Regierung Vorschläge zu Gesetzen in Vorlage zu bringen, streitig war und ist noch vielfach, in wie weit seit der Zugehörigkeit Bayerns zum Deutschen Reiche es dem Landtage zusteht, durch Aeußerung von Wünschen an die Krone die Stellungnahme Bayerns im Bundesrate zu Fragen der Reichsgesetzgebung nach dieser oder jener Richtung hin zu beeinflussen.

Alle diese Fragen haben während des nunmehr 90jährigen Bestehens der Verfassungsurkunde eine endgiltige Lösung noch nicht gefunden. Man darf es zwar aussprechen, daß gegenüber der früheren sehr einschränkenden Auslegung der einschlägigen Verfassungsbestimmungen eine wesentlich mildere Praxis Platz gegriffen hat; man ist in neuerer Zeit den Aeußerungen von Wünschen des Landtags seitens der Staatsregierung dort nicht mehr entgegengetreten, wo es sich um Gegenstände handelt, die auch nur mittelbar mit dem Wirkungskreis des Landtages zusammenhängen, wenn sie sich nur nicht auf Aenderungen der Fundamental-Rechtssätze des Staates beziehen.

Wie man die budgetrechtlichen Streitigkeiten, die ähnlich wie die Kämpfe um das Petitionsrecht den Landtag schon von Anbeginn seines Bestehens auf das Lebhafteste bewegten, durch das sogenannte Verfassungsverständnis vom 14. Juni 1843 aus der Welt zu schaffen versucht hat, so hat es auch nicht an Versuchen gefehlt, den Streit um das Petitionsrecht des Landtags auf legislatorischem Wege zu lösen. So wurde durch das in den Stürmen des Jahres 1848 entstandene sogenannte Initiativgesetz der Streit zwar nicht beseitigt, wohl aber auf ein engeres Gebiet beschränkt, während die Versuche einer gesetzlichen Behebung des Streites während des Landtags von 1866/69 an den Widerständen der beteiligten gesetzgebenden Faktoren gegenüber einzelnen Bestimmungen der Gesetzentwürfe scheiterten, trotzdem die gesetzliche Regelung von allen Seiten als notwendig angesehen wurde.

Daher kommt es, daß noch in der neuesten Zeit während der Tagung des Landtags 1907/08 das Petitionsrecht zu eingehenden Erörterungen über seine rechtliche Bedeutung in den beiden Kammern des Landtags Anlaß gab.

Der Verfasser legte großen Wert darauf, die Entstehungsgeschichte der Verfassungsbestimmungen über das Petitionsrecht nach den Staatsratsakten, die im k. bayer. Reichsarchive aufbewahrt sind, zu studieren. Um letzteres zu ermöglichen, war ein Gesuch an das k. Staatsministerium des Innern um Gestattung der Einsichtnahme in jene amtlichen Protokolle aus den Jahren 1814/15 und 1818 erforderlich. Eine ausführlich begründete Eingabe unter genauer Angabe der einzelnen Sitzungsprotokolle, die unter Hinweis auf Max v. Seydels bayerisches Staatsrecht I Seite 375 zitiert wurden, und unter Betonung des rein wissenschaftlichen Interesses, das den Gesuchsteller zu der Bitte an das k. Staatsministerium bestimmte, hatte zum großen Bedauern des Verfassers keinen Erfolg. Infolge des abschlägigen Bescheides des k. Staatsministeriums des Innern war es nicht möglich, die Ausführungen über die Entstehungsgeschichte des Petitionsrechtes auf Originalakten zu stützen, sondern dieselben mußten aus den zitierten Werken von Max v. Seydel, Max Frhr. v. Lerchenfeld, Heigel und Gustav Freiherr von Lerchenfeld entnommen werden.

1. Kapitel.

Die rechtliche Stellung des Landtages.

§ 1.

A. Rechtliche Natur des Landtages im allgemeinen.

Die Betrachtungen der rechtlichen Stellung des bayerischen Landtags geben zunächst Veranlassung, die Frage aufzuwerfen, ob zwischen dem Landtag der Verfassungsurkunde und den alten Landständen, wie sie formell noch als sogenannte „Verordnung" bis zu Anfang des 19. Jahrhunderts in Bayern bestanden haben, irgend ein rechtlicher Zusammenhang besteht, oder ob diese beiden Vertretungen sich wesentlich unterscheiden. Jene alten Landstände waren, wie schon ihr Name sagt, nicht eine Vertretung des ganzen Volkes gegenüber dem Landesherrn, sondern sie waren Vertretungen der als besonders bevorrechtet angesehenen Stände des Volkes, in Bayern anfangs des Adels und der Städte, denen etwas später die Prälaten beitraten, womit die Bildung der „Landschaft" abgeschlossen war.*) Diese war nicht etwa eine Institution, die neben dem Landesherrn im Rahmen ihres zugewiesenen Wirkungskreises das Wohl des ganzen Landes und Volkes wahrzunehmen hatte, sondern sie vertrat in einseitiger Weise die Sonderinteressen der einzelnen Stände, denen die Mitglieder der Landschaft angehörten. „Das allgemein Beste des Landes zu bedenken, ist eine moderne Theorie, die den Landständen Unmögliches zumutete, solange sie ständisch gegliedert waren und nach Ständen abstimmten, solange die Bevollmächtigten der zur Landschaft berechtigten Subjekte durch Aufträge und Weisungen gebunden und für deren genaue Einhaltung ihren Mandanten verantwortlich waren. Derjenige, der das Interesse des ganzen Landes wahrnahm, war viel eher der Landesherr als die „Landschaft". (Vergl. Rieker a. a. O. S. 17.)

Das Eigentümliche dieser Landschaft war, daß sie die Rechte einer Korporation hatte; sie war juristische Person mit eigenen Organen, rechts- und vermögensfähig, hatte ihr eigenes Archiv,

*) Vgl. für das Folgende **Rieker**, Die rechtliche Natur der modernen Volksvertretung in Zeitschrift für Literatur und Geschichte der Staatswissenschaften von Frankenstein, II. Band 1894 Seite 14 ff.

Siegel und Kanzlei und konnte ihre eigenen Beamten und Bediensteten anstellen — Landschaftskanzler, Rechnungsaufnehmer, Zinszahlmeister, Steuereinnehmer usw. — die sie besonders darum schon benötigte, weil ihr es auch zukam, die von ihr bewilligten Steuern zu erheben, zu verwalten und in die eigene Landschaftskasse abzuführen; daneben hatte sie Rechte, die auch den modernen Volksvertretungen zukommen, so ein Mitwirkungsrecht bei der Gesetzgebung; neben dem Bewilligungsrecht der direkten und indirekten Steuern und dem Steuerverwaltungsrecht hatte sie auch besonderen Einfluß auf die Landesschuldenverwaltung.

Man darf, wenn man die rechtliche Stellung und die Befugnisse dieser alten Landstände mit der Ständeversammlung der Verfassungsurkunde vom 26. Mai 1818 vergleicht, wohl sagen, daß wir hier ein seinem Wesen und seiner staatsrechtlichen Gestaltung nach völlig anderes Gebilde vor uns haben, irgendein Zusammenhang ist unbedingt zu leugnen. Dort haben wir es mit Vertretern bestimmter Volksklassen und bestimmter ständischer Interessen zu tun ohne Berücksichtigung des Gesamtvolkes, während die moderne Volksvertretung gerade das Gegenteil von dem sein soll und will, nämlich eine Vertretung des g a n z e n Volkes in seiner Gesamtheit, wie dies die bayerische Verfassungsurkunde — Titel VII § 25 — in dem von jedem Mitgliede des Landtags zu leistenden Eide zum Ausdruck bringt: „nur des ganzen Landes allgemeines Wohl und Beste ohne Rücksicht auf besondere Stände oder Klassen nach innerer Ueberzeugung zu beraten".

Dieser Gedanke ist zum ersten Male in der Constitution française (vergl. Rieker a. a. O. S. 17) von 1791 ausgesprochen: „Les représentants nommés dans les départements, ne seront pas représentants d'un département particulier, mais de la nation entière et il ne pourra leurs être donné aucun mandat"; er stammt von dem bekannten Abbé Siéyes, der seinerseits wieder auf Rousseau und dessen Lehre vom Contrat social zurückgeht. Wir finden ihn unter anderen wieder in der deutschen Reichsverfassung — Art. 29 —: „die Mitglieder des Reichstages sind Vertreter des gesamten Volkes und an Aufträge und Instruktion nicht gebunden." Und auch in der preußischen Verfassung — Art. 83 —: „Die Mitglieder beider Kammern sind Vertreter des ganzen Volkes."

Mit dieser verfassungsgesetzlich festgelegten Bestimmung ist der grundlegende Unterschied zwischen den alten Landständen und dem modernen Landtag gewonnen; zu einem Zurückgreifen auf jene zum Verständnis der Rechtsstellung des heutigen Landtags besteht mangels jeglichen rechtlichen Zusammenhangs keine weitere Veranlassung.

Gleich zu Beginn der Verfassungsurkunde im Titel I § 2 wird denn auch erklärt: „für das g a n z e Königreich besteht eine allgemeine in zwei Kammern abgeteilte Ständeversammlung" und in Titel VI, der von der Ständeversammlung handelt, bestimmt § 1 weiter: „die zwei Kammern der allgemeinen Versammlung der Stände des Reichs sind a) die der Reichsräte und b) die der Abgeordneten. Diese beiden Kammern stellen zusammen die „Standschaft dar — hervorgehend aus allen Klassen der im Staate ansässigen Staatsbürger — berufen, um in öffentlichen Versammlungen die Weisheit der Beratung zu verstärken, ohne die Kraft der Regierung zu schwächen", wie die Einleitungsworte der Verfassungsurkunde sich ausdrücken. Es kann also nicht etwa nur die Kammer der Abgeordneten, weil sie allein aus allgemeinen Wahlen des Volkes hervorgegangen ist, während die Kammer der Reichsräte sich teils aus erblichen, teils aus vom König ernannten Mitgliedern zusammensetzt, für sich in Anspruch nehmen, die alleinige Vertretung des Volkes darzustellen; denn es ist keineswegs die Tatsache der Wahl durch das Volk entscheidend für den Begriff der Volksvertretung, sondern allein der Umstand, daß das Mitglied einer der beiden Kammern das ganze Volk, nicht einen einzelnen Stand, eine besondere Klasse oder einen besonderen Bezirk ausschließlich zu vertreten berufen ist, und dies trifft für die Kammer der Reichsräte in gleichem Maße zu, wie für die Kammer der Abgeordneten. Nur ein übereinstimmender Beschluß beider Kammern stellt daher eine gültige Willenserklärung des Landtags dar. Titel VI § 19.

Wir haben bisher von dem Landtag als der Vertretung des Gesamtvolkes gesprochen und dürfen hier zunächst diese — wenn auch allgemein gebräuchliche und geläufige — Bezeichnung dahin juristisch richtig stellen, daß wir sagen, der Landtag ist die Vertretung der Gesamtheit der Untertanen in ihrem Verhältnis zur Krone; es erscheint einerseits klar, daß der Monarch ebenso zum Volke gehört wie die Gesamtheit der übrigen Volksgenossen, wie es andererseits zweifellos ist, daß der Landtag nicht diese Gesamtheit des Volkes einschließlich des Herrschers vertritt; denn wollte man diesen letzteren Satz positiv aufstellen, dann würde man sich auch für das bayerische Staatsrecht zu der Theorie der Volkssouveränität bekennen, nach der das Volk als die Gesamtheit der Staatsbürger Inhaber der Staatsgewalt und der Monarch nur das vollziehende Organ — etwa der oberste Diener dieses Souveräns ist. Dem ist jedoch nicht so; es spricht schon die Verfassung in Titel II § 1 als einen der obersten Grundsätze des bayerischen Verfassungsrechtes aus: „der König ist das Oberhaupt des Staates, vereinigt in sich alle Rechte der Staatsgewalt, und übt sie unter den von ihm gegebenen in der gegenwärtigen Verfassungsurkunde festgesetzten Bestimmungen aus". Aus diesem Grundsatze folgt nicht nur die strikte Ablehnung der Theorie von der Volkssouveränität, nach der dem König nur die Rechte zukommen, die ihm kraft der Verfassung zugewiesen sind, sondern die scharfe Betonung der dem König allein als dem Monarchen zukommenden Souveränität. Steht dem König allein die Souveränität zu, so folgt daraus, daß man für Bayern nicht von einer Teilung der Gewalten zwischen König und Landtag jenem als Inhaber der Regierungs- oder vollziehenden Gewalt, diesem als Inhaber der gesetzgebenden Gewalt im Staate sprechen kann. Vielmehr dürfen wir aus jener Verfassungsbestimmung den Satz ableiten, daß der König als Oberhaupt des Staates auch allein der Träger der Staatsgewalt ist, das oberste und einzige Organ des Staates, während die Volksvertretung zu keinerlei Teilnahme an der Staatsgewalt oder Mitregierung berufen ist. Eine Beschränkung dieser dem König zustehenden Staatsgewalt ist nicht etwa in ihrem Besitz als solchem gegeben, sondern wie ebenfalls Titel II § 1 sagt, in deren Ausübung; diese geschieht nach den Normen der Verfassungsurkunde, durch die sich der bis dahin unbeschränkte Monarch freiwillig gewisse Beschränkungen in der Ausübung der Staatsgewalt auferlegt hat; und dies nicht etwa durch einen Vertrag mit der Vertretung der Untertanen, so daß dem König wie den Untertanen nur die Rechte zukämen, welche dieses Instrument beiden zuweist, sondern aus eigener königlicher Machtvollkommenheit, aus der heraus der König als Souverän die Befugnis ableiten konnte, durch eine von ihm gegebene Verfassung die Gebiete abzugrenzen, innerhalb denen die Ausübung der Staatsgewalt durch die Mitwirkung des Landtags beschränkt sein solle.

Nicht alle Verfassungen sind von dem Landesherrn aus dieser ihrer eigenen Machtvollkommenheit gegeben worden, mit der Rechtsfolge, daß dem Monarchen die Staatsgewalt unbeschränkt zusteht und er nur in der Ausübung gewisser bestimmt festgestellter Rechte an die Zustimmung der Volksvertretung gebunden ist. Hier wäre die belgische Konstitution vom Jahre 1831 zu nennen (vergl. Rieker a. a. O. S. 32), die in Art. 78 bestimmt: „Le roi n'a d'autres pouvoirs que ceux que lui attribuent formellement la Constitution et les lois particulières portées en vertu de la Constitution même.“ (Vergl. auch Max v. Seydel: Staatsrechtliche und politische Abhandlungen 1893 Freiburg i. B. Seite 137 ff.) Dies ist ein Beispiel einer sogenannten paktierten Verfassung, in der die Rechte des Königs genau umschrieben sind; hier leitet der König seine Rechte aus der Verfassungsurkunde ab und besitzt seine königliche Macht nur auf Grund dieser. Anders nach der bayerischen Verfassung: Eine Uebertragung der Staatsgewalt an den König durch den Willen und die Macht des souveränen Volks kennt diese nicht, sondern die Verfassung selbst ist aus der schon vor ihr bestehenden königlichen Macht heraus entstanden; deshalb gibt es einerseits kein Gebiet, das dieser königlichen Macht innerhalb des Staates nicht zugänglich wäre, andererseits können Beschränkungen der Ausübung der dem König zustehenden Staatsgewalt nur da bestehen, wo diese durch die Verfassungsurkunde ausdrücklich festgelegt sind. (Vergl. v. Seydel a. a. O. S. 131.) Deshalb bezeichnet man die bayerische Verfassung als eine oktroierte, d. h.

als eine aus ureigenster königlicher Machtfülle heraus einseitig von der Krone gegebene Verfassung. Daraus folgt für den Landtag der Grundsatz, daß er nur da die Staatsgewalt des Königs in deren Ausübung beschränkt, wo dies durch die Verfassungsurkunde oder das Gesetz bestimmt ist. Die Verfassungsurkunde erklärt daher auch in Titel VII § 1 die beiden Kammern können nur über jene Gegenstände in Beratung treten, die in ihren Wirkungskreis gehören, welcher in den §§ 2 bis 19 näher bezeichnet ist, ohne daß jedoch dieser Wirkungskreis in diesen §§ vollständig umschrieben wäre, wie wir in Nachstehendem sehen werden. So viel kann jedoch nach dieser Verfassungsbestimmung als feststehend bezeichnet werden — vergl. hierher auch Max v. Seydel: Staatsrecht I S. 349 — daß der Landtag nie eine Vermutung der Zuständigkeit für sich hat, sondern daß er seine Zuständigkeit durch Rechtsvorschrift dartun muß, während der König in der Ausübung der Staatsgewalt unbeschränkt ist, soweit nicht eine beschränkende Rechtsvorschrift nachzuweisen ist. (Anderer Ansicht: Schulze I S. 477.)

Wir haben oben den Landtag als die Vertretung der Gesamtheit der Untertanen in ihrem Verhältnis zum König näher bestimmt. Es besteht Veranlassung, dieses Verhältnis des Landtags zu den „von ihm vertretenen Untertanen" einerseits und das Verhältnis des Landtags zu der Krone und dem Staate andererseits noch etwas näher zu untersuchen. Es darf wohl als etwas der modernen Auffassung von der Stellung des Landtags Selbstverständliches ausgesprochen werden, daß das Verhältnis zwischen dem Landtag und den Untertanen niemals ein privatrechtliches sein kann, etwa das einer Stellvertretung, eines Mandates oder Auftrags mit bestimmten von den Auftraggebern umgrenzten Befugnissen und Weisungen; denn der Rechtstitel, auf dem die Berufung des Volksvertreters beruht, entspringt dem öffentlichen, dem Staatsrecht eines bestimmten Staates. Eine klagbare Verpflichtung des gewählten Volksvertreters, der etwa vor seiner Wahl gegebene Versprechungen nicht eingehalten hat, oder gar eine einseitige Aufkündigung von seiten der Wähler wegen Nichtbefolgung gewisser vorher eingegangener Verpflichtungen ist völlig undenkbar. Art 29 der Reichsverfassung spricht daher den Satz aus: „die Mitglieder des Reichstags sind an Aufträge und Instruktionen nicht gebunden", womit auch verfassungsrechtlich jegliches privatrechtliche Mandatverhältnis verworfen ist. Diese Rechtsauffassung gilt auch für das bayerische Staatsrecht. Rieker (a. a. O. S. 55) erklärt daher in diesem Zusammenhang: „Man könnte eher sagen, die Rechte und Pflichten eines Volksvertreters beruhen auf einem Mandate der Verfassung, nicht auf einem Mandate der Wähler."

Lehnt man daher mit Recht jegliches privatrechtliche Verhältnis ab und erklärt man die Stellung des Volksvertrers als allein auf dem öffentlichen Rechte beruhend, so ist damit die Frage noch nicht entschieden, wie dieses öffentlich-rechtliche Verhältnis zuristisch zu konstruieren ist. Darüber herrschen lebhafte Meinungsverschiedenheiten, zu denen im Rahmen dieser Einleitung zur Darstellung eines einzelnen Rechtes der bayerischen Volksvertretung naturgemäß nicht eingehend Stellung genommen werden kann. Die einen sehen in der Volksvertretung ein Organ des Volkes (vergl. H. Schulze: Das preußische Staatsrecht Band I S. 563 ff.): „Die Volksvertretung ist ein Organ, das aus dem Volke hervorgegangen, den Beruf hat, das nationale Ethos, die in der Gesamtexistenz des Volkes latent vorhandene Vernunft zum Ausdruck und dem Herrscher gegenüber so zur Geltung zu bringen, daß derselbe wenigstens bei seinen wichtigsten Funktionen nur in Uebereinstimmung mit dem Geiste des Volkes regieren kann."*) Diese theoretische Auffassung gerät mit unserm eingangs betonten Standpunkt in Konflikt, wonach eben zum Volke gehört die Gesamtheit der Untertanen mit Einschluß des Königs; eine Vertretung dieses Volkes gegenüber dem Herrscher, zu dem dieser selbst gehört, ist jedoch nicht denkbar. Bezeichnet man andererseits die Volksvertretung als Organ der Gesamtheit der Untertanen, so scheitert diese Begriffbestimmung daran, daß man sich die Gesamtheit der Untertanen nicht als ein einheitliches Ganzes vorstellen kann, etwa im Sinne einer juristischen Person mit Rechtspersönlichkeit, die durch Organe im Rechtssinne handelt. Wir kommen daher in Anlehnung an Rieker (a. a. O. S. 58 ff.) zu dem Schluß, die Begriffe „Vertretung" und „Organ" ganz auszuschalten. Ausgehend von dem auch im älteren bayerischen Staatsrecht (vergl. den Verfassungsentwurf vom Jahre 1808) bekannten Ausdruck „National-Repräsentation", worunter eine Korporation zu verstehen ist, die die Gesamtheit der Untertanen darstellt, dürfen wir sagen: „Der Landtag repräsentiert, stellt dar die Gesamtheit der Nation mit Ausschluß des Königs: Er ist die Gesamtheit der Untertanen." Zwar ist es eigentlich nur ein winziger Bruchteil der Gesamtzahl der Untertanen, aber der Gesetzgeber befiehlt, dieses kleine Häuflein für diese Gesamtheit der Untertanen zu halten, in seiner Stimme die Stimme des Volkes zu erblicken (Rieker a. a. O. S. 60). Dies führt uns zu der weiteren Frage, welche Stellung dieser „National-Repräsentation" gegenüber dem König und innerhalb des Staates zukommt. Ihre Stellung gegenüber dem König erhellt aus dem schon in seiner Bedeutung gewürdigten obersten Grundsatz der Verfassungsurkunde des Titel II § 1: „Der König ist das Oberhaupt des Staates und vereinigt in sich alle Rechte der Staatsgewalt", womit der Gedanke der Volkssouveränität abgelehnt ist, womit zugleich aber auch der König als oberstes und einzigstes Organ des Staates bezeichnet wird; denn nur der König, der alle Rechte der Staatsgewalt in sich vereinigt, kann als das lebendige leitende Organ angesehen werden, durch das der Staat handelt und seinen Willen äußert.

*) Schulze, Lehrbuch des Deutschen Staatsrechtes I S. 456.

Landtag einerseits und Staatsbehörde andererseits haben ihre Befugnisse zu rechtlichem Handeln nicht in sich selbst, sondern leiten diese von dem Oberhaupt des Staates ab. Als Träger eigenen staatlichen Willens können beide daher nicht angesprochen werden; deshalb erscheint es uns auch nicht berechtigt, in ihnen Organe des Staates — wenn auch nur Organe unter dem König — zu erblicken. „Wohl übt die Volksvertretung einen gesetzlich bestimmten Einfluß aus auf die Bildung des Staatswillens, aber der Staatswille selbst wird nur von dem Monarchen gebildet; ihm kann kein fremder Wille aufgedrängt werden, darum ist das Gesetz *sein* Wille, nicht der Volksvertretung" (Rieker a. a. O. S. 47). Dies schließt nicht aus, daß dem Landtag bei der Bildung des staatlichen Willens in Richtung auf gewisse Gebiete des staatlichen Lebens eine mitbestimmende Aufgabe zukommt, daß die Verfassungsurkunde bestimmte — und nicht die unbedeutendsten — Gegenstände herausgreift und erklärt, daß innerhalb dieser Gebiete eine rechtliche bedeutsame Willensäußerung des Monarchen nur zustande kommt, wenn der Landtag dabei mitgewirkt hat, aber unabhängig von diesen Willensäußerungen des Landtags und über ihnen steht das Organ des Staates: der König. Dies wird für das wichtigste Gebiet der Mitwirkungsbefugnis des Landtags — für das Gebiet der Gesetzgebung durch die Verfassung selbst ausgesprochen, wo es in Titel VII § 30 heißt: „Der König *allein* sanktioniert die Gesetze und erläßt dieselben mit seiner Unterschrift." In dieser Sanktion der Gesetze beruht die leitende Macht des obersten Staatsorgans; keine Macht im Staate kann den König zwingen, einen auf übereinstimmenden Beschluß der beiden Kammern beruhenden Gesetzentwurf seine Sanktion zu erteilen, wenn er nicht will. In dieser Richtung kann der Landtag weder mittelbar noch unmittelbar einen Zwang auf den König ausüben. „Der Landtag steht dem Monarchen nicht als eine Partei gegenüber mit besonderen Interessen und Zwecken wie die älteren Landstände, so daß zwischen beiden Teilen paktiert werden könnte, sondern das Interesse und der Zweck ist beiden Faktoren gemeinsam: das Wohl des Ganzen zu erhalten und zu fördern." (Pözl, Lehrbuch des bayerischen Verfassungsrechtes 1851 S. 386.)

Aus dem Satze, daß der König das oberste und einzige Organ im Staate ist, folgt, daß ihm und nur ihm eine Herrscher- und Regierungsgewalt zukommt; der Landtag besitzt eine solche nicht. Eine Einmischung in die Regierungstätigkeit ist schon dadurch ausgeschlossen, daß die Kammern nur mit den Ministern in amtlichen Verkehr treten können, innerhalb ihres Wirkungskreises haben sie das Recht, diejenigen Erläuterungen und Aufschlüsse, welche sie für erforderlich erachtet, von den einschlägigen Staatsministerien zu verlangen, während ihnen unmittelbares Benehmen mit anderen Stellen und Behörden untersagt ist (Geschäftsgangsgesetz vom 19. Januar 1872 Art. 33); nach Art. 37 des gleichen Gesetzes sind weder die Kammern, noch die Ausschüsse berechtigt, ohne Zustimmung der Staatsregierung Aufrufe oder Erklärungen an das Volk oder einzelne Teile desselben zu richten oder Deputationen oder Ueberbringer von Bittschriften zuzulassen. Auch diese verfassungsgesetzlichen Bestimmungen bestätigen unsere Auffassung, daß wir in dem Landtag kein Organ des Staates zu sehen haben; denn einem solchen dürften diese Rechte nicht versagt sein.

Wir haben es als eine besondere Eigentümlichkeit der alten Landstände bezeichnet, daß sie die Rechte einer Korporation hatten, daß sie juristische Personen mit eigenen Organen darstellten. Davon kann bei den modernen Volksvertretungen natürlich nicht gesprochen werden. Der heutige Landtag ist ein Kollegium von Staatsbürgern, das durch königlichen Willensentschluß zusammenberufen wird, dessen Sitzungen vom König nach Belieben verlängert oder vertagt werden können, und das in seiner Existenz derart vom König abhängig ist, daß dieser sogar die ganze Versammlung nach freiem Willen auflösen kann. Daraus folgt, daß dem Landtage die Kontinuität nicht zukommt, deren eine Korporation mit Rechtpersönlichkeit unbedingt bedarf. Ein eigenes Vermögen besitzt daher der Landtag nicht; seine Bedürfnisse werden aus der Staatskasse gedeckt. Das Direktorium der Kammer der Abgeordneten beschließt zwar über Aufnahme, Besoldung und Entlassung des Kanzlei-Verwaltungs- und Dienstpersonals (Geschäftsordnung der Kammer der Abgeordneten vom 8. August 1904 § 12 III), der Dienst jedoch ist Staatsdienst; keineswegs sind die zur Dienstleistung beim Landtag Berufenen etwa eigene Beamte des Landtags, wie dies bei den alten Landständen der Fall war (Seydel, Staatsrecht I a. a. O. S. 463).

§ 2.

B. Rechte des Landtags. Sein Wirkungskreis nach der Verfassungsurkunde.

Man teilt die Rechte des Landtags ein in politische und kollegiale Rechte. Die politischen Rechte umfassen alle die Befugnisse des Landtags, in denen sich sein Mitwirkungsrecht bei der Erfüllung gewisser Staatsaufgaben äußert; als kollegialische Rechte bezeichnet man die, welche das innere Leben der beiden Landtagskollegien betreffen, z. B. das Recht, sich eine Geschäftsordnung zu geben, sich ein Direktorium zu wählen, die Legitimation der Mitglieder zu prüfen, das Recht der Disziplin und Polizei im Sitzungsgebäude u. dgl.

Die politischen Rechte des Landtags scheidet Max v. Seydel (a. a. O. S. 351 ff.) wieder in materielle und in formelle Rechte, jene „welche seine Beteiligung am Staatsleben, seine Einflußnahme auf die Regierungstätigkeit des Königs unmittelbar zum Gegenstand haben", und diese, „deren Zweck es ist, dieser öffentlich rechtlichen Stellung des Landtags die Gewähr der Sicherheit zu bieten."

Die politischen Rechte materieller Natur sind zunächst im Titel VII aufgezählt, wo die Gegenstände des Wirkungskreises des Landtags in §§ 2—18 umschrieben sind; aus der Fassung des § 1 dieses Titels, in Sonderheit aus dem Wörtchen nur könnte man den Schluß ziehen, als ob die in den folgenden Paragraphen einzeln genannten Materien den ausschließlichen Wirkungskreis des Landtages darstellten; es sei schon hier ausdrücklich betont, daß dem nicht so ist, daß vielmehr die Verfassungsurkunde und auch andere Gesetze an verschiedenen Stellen den Landtag zur Mitwirkung berufen, daß demnach jene Aufzählung keineswegs eine erschöpfende ist. Wir stellen zunächst die Gegenstände des Wirkungskreises der Kammern zusammen, wie sie sich aus Titel VII § 2—18 ergeben:

Hier haben wir zunächst das Recht, durch Beirat und maßgebende Zustimmung — unter gewissen Beschränkungen auch durch Initiative — mitzuwirken bei Erlassung, Abänderung, authentischer Erläuterung oder Aufhebung allgemeiner, die Freiheit der Person oder das Eigentum der Staatsangehörigen betreffender Gesetze (Tit. VII § 2); wir finden weiter den Rechtssatz ausgesprochen, daß zur Erhebung aller direkten Steuern, sowie zur Erhebung neuer indirekter Aufschläge oder Erhöhung oder Veränderung der bestehenden die maßgebende Zustimmung der Kammern zu erholen ist (Tit. VII § 3); weiter bestimmt Tit. VII § 11—15, daß die Staatsschuld unter die Gewährleistung des Landtages gestellt ist und daß zu jeder Mehrung derselben, sowie zu jeder Abänderung oder jeder Verwendung eines zur Schuldentilgung bestimmten Gefälles für andere Zwecke die Zustimmung des Landtags erforderlich ist. Es steht dem Landtag ferner zu, die bei jeder Versammlung vorzulegende Nachweisung über die Verwendung der Staatseinnahme und den Stand der Schuldentilgungskasse zu prüfen (Tit. VII §§ 10, 16). Er hat endlich seine Zustimmung zu geben zur Veräußerung oder Verwendung allgemeiner Stiftungen für andere als ihre ursprünglichen Zwecke (Tit. VII § 17) und zur Verleihung von Staatsdomänen oder Staatsrenten zur Belohnung großer und bestimmter dem Staate geleisteter Dienste (Tit. VII § 18). — Soweit der Katalog des Tit. VII bezüglich der materiellen politischen Rechte. Wir haben aus der Verfassungsurkunde noch zu erwähnen, daß Tit. II § 11 den Ständen das Recht maßgebender Zustimmung zur Einsetzung einer Regentschaft im Falle einer mehr als einjährigen Verhinderung des Monarchen an der Ausübung der Regierung verleiht; ferner daß nach Tit. 10 § 7 jegliche Abänderung in den Bestimmungen der Verfassungsurkunde oder bei den Zusätzen zu derselben an die Zustimmung des Landtags geknüpft ist, wobei eine besonders qualifizierte Mehrheit der Mitglieder erforderlich ist. Weiter wird nach dem Gesetz vom 1. Juli 1834, die Festsetzung einer permanenten Zivilliste betreffend, zu jeder Erhöhung der Zivilliste die Zustimmung des Landtags erfordert.

Neben diesen materiellen Rechten bezeichnet man als formelle Rechte des Landtags zunächst das sogenannte Informationsrecht, d. h. das Recht der Kammern bzw. ihrer Ausschüsse innerhalb des Umfangs ihres Wirkungskreises die ihnen erforderlich erscheinenden Erläuterungen und Aufschlüsse von den Staatsministerien zu verlangen (Geschäftsgangsgesetz vom 19. Januar 1872 Art. 33 I); dann das Recht der Beschwerdeführung wegen Verletzung der Verfassung durch die königlichen Staatsministerien oder andere Staatsbehörden, das durch die Kammern sowohl aus eigener Initiative ausgeübt werden kann (Tit. X § 5), als auch von einzelnen Staatsbürgern oder Gemeinden dadurch, daß eine Beschwerde wegen Verletzung konstitutioneller Rechte an eine der beiden Kammern gebracht und dann nach Prüfung in Gestalt eines Gesamtbeschlusses beider Kammern der Krone vorgelegt wird, falls die Beschwerde für begründet erkannt wird (Tit. VII § 21). Weiter rechnet man hierher das Recht der Erhebung der Anklage gegen höhere Staatsbeamte, besonders gegen Minister wegen vorsätzlicher Verletzung der Staatsverfassung (Tit. X § 6 und Gesetz vom 4. Juni 1848, die Ministerverantwortlichkeit und Gesetz vom 30. März 1850, den Staatsgerichtshof und das Verfahren der Ministeranklage betreffend). In diesen Rahmen gehört nun auch das Petitionsrecht des Landtags, wie es auf Grund des Tit. VII § 19 besteht und im Nachstehenden näher behandelt werden soll.

Mit vorstehender Aufzählung sind alle diejenigen Gegenstände umfaßt, auf welche sich nach geltendem Staatsrecht der Wirkungskreis des Landtags erstreckt; alle übrigen Gebiete des Regierungs- und Verwaltungsrechts, die außerhalb dieser Materien liegen, sind der Mitwirkung des Landtags entzogen und gehören ausschließlich in den Machtbereich der Krone. An diesem Grundsatze ist bei den späteren Betrachtungen über Wesen und Umfang des Petitionsrechtes des Landtages stets festzuhalten.

Wir haben nun noch in Kürze die Frage zu streifen, in welchen Formen sich das Mitbestimmungsrecht des Landtags innerhalb seines Wirkungskreises vollzieht. In der allgemeinen Betrachtung der Rechtsstellung des Landtags haben wir gesehen, daß gewisse Willensakte des Königs solange rechtlich bedeutungslos sind, als nicht der Landtag bei der Bildung dieses Willensaktes mitgewirkt hat: So kann kein allgemeines neues Gesetz, welches die Freiheit der Person oder das Eigentum der Staatsangehörigen betrifft, erlassen werden ohne Beirat und Zustimmung des Landtags; bei der Bildung des staatlichen Willens, der in dem Gesetz sich äußert, muß eine Willensäußerung des Landtags hinzukommen. In solchen Fällen sprechen wir von M i t w i r k u n g des Landtags. Eine andere

Form der Aeußerung ist die **Genehmigung**; hier hat zwar (vgl. Seydel I Seite 352) „ein staatlicher Willensakt ohne gleichheitlichen Willensakt des Landtags rechtliche Wirkung, aber er soll ohne den letzteren nicht bestehen". In wieder anderen Fällen hat der Landtag nur ein Recht der **Kenntnisnahme**; so muß z. B. den Ständen des Reichs bei einer jeden Versammlung eine genaue Nachweisung über die Verwendung der Staatseinnahmen (Tit. VII § 10) und über den Stand der Staatsschulden-Tilgungskasse (Tit. VII § 16) zur Kenntnisnahme vorgelegt werden. Ist endlich über einen Gegenstand des Wirkungskreises des Landtags ein gemeinsamer Gesamtbeschluß beider Kammern zustande gekommen, z. B. über einen an die Krone zu richtenden Wunsch oder Antrag im Sinne des § 19 Tit. VII, so wird dieser Beschluß in Form der **Ueberweisung** an die Staatsregierung hinübergeleitet.

Ueber die formelle Behandlung einer Petition des Landtags im einzelnen ist im folgenden zu handeln.

Es sei hier noch auf eine terminologische Unterscheidung der Verfassungsurkunde hingewiesen, die nicht ganz ohne Bedeutung für die richtige Abgrenzung des Petitionsrechtes ist. Wenn die Verfassungsurkunde in Tit. VII § 1 sagt: Die beiden Kammern dürfen nur über jene Gegenstände in **Beratung** treten, die in ihren Wirkungskreis gehören, so will sie damit keineswegs ausschließen, daß über Gegenstände, die nicht in diesen Wirkungskreis einschlagen, überhaupt nicht **gesprochen** werden dürfe; nur eine **Beratung**, worunter die Verfassungsurkunde durchgängig die zum Zweck und als Vorbereitung einer Beschlußfassung gepflogene Verhandlung versteht (vgl. Tit. VI § 19, Tit. VII §§ 4, 21, 22, 28, 31 rc.), über Gegenstände, die außerhalb ihres Wirkungskreises liegen, soll untersagt sein, nicht aber ist es ihnen verwehrt, derlei Gegenstände bei Gelegenheit der Beratung einer zum Wirkungskreis gehörigen Sache mehr oder minder eingehend zu **besprechen** (vgl. hiezu auch Referat des Reichsrats von Neumayr in Verh. d. K. d. R. 1883/86 Beil. Bd. III S. 363). Seydel verweist zur Bestätigung der Richtigkeit dieser Unterscheidung auf das Interpellationsrecht und das Antragsrecht des Landtags; die Interpellation führt zu einer **Besprechung** eines bestimmten Gegenstandes, nicht zu einem Beschluß, über einen Antrag wird nach **Beratung beschluß**mäßig entschieden.

II. Kapitel.

Die gesetzlichen Grundlagen des Petitionsrechtes des Landtags.

§ 3.

Materiellrechtliche Vorschriften.

Die Grundlage des Petitionsrechtes des Landtags ist durch Tit. VII § 19 gegeben:

„Die Stände haben das Recht, in Beziehung auf alle zu ihrem Wirkungskreis gehörigen Gegenstände dem König ihre gemeinsamen Wünsche und Anträge in geeigneter Form vorzubringen."

Hiemit ist zugleich eine gesetzliche Begriffsbestimmung des Petitionsrechtes gewonnen: es ist zu bestimmen, als das Recht des Landtags „Wünsche und Anträge dem König in geeigneter Form vorzubringen und zwar innerhalb des den Ständen zukommenden Wirkungskreises". Dieser Wirkungskreis wird nun zwar in § 1 des gleichen Titels auf die Gegenstände beschränkt, welche in dem folgenden § 2 mit § 18 näher bezeichnet sind; wir haben jedoch schon bei der Darstellung des Wirkungskreises des Landtags im allgemeinen (oben § 2) darauf hingewiesen, daß in diesen Verfassungsbestimmungen keineswegs der Wirkungskreis des Landtags erschöpfend umschrieben ist, wie man aus dem Wörtchen „nur" des § 1 zu folgern geneigt sein könnte, sondern daß sowohl die Verfassungsurkunde selbst, als auch andere verfassungsgesetzliche Bestimmungen noch Gegenstände enthalten, welche von der Mitwirkung besonders umfaßt werden; so sei hier nur beispielsweise genannt die Bestimmung über den Eintritt der Regentschaft in Tit. II § 11 oder der Rechtssatz über die Aenderung der Verfassungsurkunde, die nicht ohne Mitwirkung des Landtags geschehen kann (Tit. X § 7 Abs. 3).

Die Geltendmachung des Petitionsrechtes erfolgt auf Grund des § 20 Tit. VII, der durch Abschnitt II Nr. 1 des Gesetzes „den Geschäftsgang des Landtags betreffend" vom 19. Januar 1872 folgende Fassung erhalten hat: „Jedes einzelne Mitglied hat das Recht, in dieser Beziehung seine Wünsche und Anträge in der Kammer vorzubringen".

Ueber das Recht der Gesetzesinitiative im allgemeinen enthält die Verfassungsurkunde keine eigenen Bestimmungen; der § 19 Tit. VII umfaßt zweifellos nicht bloß das Petitionsrecht des Landtags im engeren Sinn, sondern auch das Recht der Gesetzesinitiative (dies war in der ersten Zeit des Bestehens der Verfassung sehr bestritten, wie wir in den späteren Paraprapben sehen werden, kann aber heute kaum mehr in Frage gezogen werden). Nur bezüglich der sogenannten Verfassungsgesetze, d. h. solcher Gesetze, die bei ihrer Fundamentalbedeutung für den Staat nur mit einer besonders qualifizierten Mehrheit angenommen oder abgeändert werden können, gab zunächst Tit. X § 7 Abs. 2 eigene Rechtsvorschriften dahin, daß Vorschläge zu Abänderungen in den Bestimmungen der Verfassungsurkunde oder Zusätze zu derselben allein vom König ausgehen können und nur, wenn derselbe sie an die Stände gebracht hat, diese darüber beratschlagen dürfen. Diese Verfassungsbestimmung erfuhr jedoch eine sehr wesentliche Modifikation durch das Gesetz „die ständische Initiative betreffend“ vom 4. Juni 1848. Das Recht der Initiative zu Verfassungsgesetzen, d. h. in der von diesem Gesetz gewählten Begriffsbestimmung, „das Recht, Abänderungen in den Bestimmungen der Verfassungsurkunde oder den Zusätzen zu denselben in Vorschlag zu bringen“, wurde hierin wesentlich erweitert und zwar durch Art. II, wonach dieses Recht der Initiative in Ansehung der in den Tit. IV, VII, VIII und X §§ 1—6 der Verfassungsurkunde enthaltenen Bestimmungen, und der hierauf bezugnehmenden Verfassungsbeilagen und Gesetzen auch den Ständen eingeräumt wird, und weiter durch Art. IV, nach dem bezüglich der in Tit. VI der Verfassungsurkunde enthaltenen Bestimmung, soweit sie die Kammer der Reichsräte betreffen, dieser, und soweit sie die Kammer der Abgeordneten betreffen, der letzteren das Recht der Initiative ebenfalls zustehen soll. Auf die Motive zu diesem Gesetz ist in späterem Zusammenhang mit den Kammerverhandlungen des Jahres 1848 des Näheren einzugehen.

§ 4.

Die formelle Behandlung der Petitionen des Landtags.

Wünsche und Anträge, die im Rahmen des § 20 mit § 19 Tit. VII geltend gemacht werden, müssen, wie alle Anträge, von Mitgliedern der Kammer mit der Eingangsformel versehen sein: „die Kammer wolle beschließen . . .“ (§ 32 I der Geschäftsordnung der K. d. Abg. vom 8. August 1904). Ueber solche Anträge erfolgt, sofern sie nicht an einen Ausschuß verwiesen werden (§ 25 I der Geschäftsordnung), nur eine einmalige Beratung und Beschlußfassung (§ 32 III der Geschäftsordnung). Bestehen über die verfassungsmäßige Zulässigkeit des Beratungsgegenstandes Bedenken, so kann die Beratung und Abstimmung zunächst auf die Frage der Zulässigkeit beschränkt werden (Geschäftsordnung § 23 III). Selbständige Anträge, welche einen formulierten Gesetzesvorschlag enthalten, sind geschäftsordnungsmäßig wie Regierungsvorlagen zu behandeln (Geschäftsordnung § 32 II), sie sind durch Druck sofort zu vervielfältigen, den Kammermitgliedern und den Vertretern der Staatsregierung zuzustellen und zur Beratung in das Plenum zu verweisen. Ist ein Antrag nach § 19 Tit. VII durch Beschluß in einer der beiden Kammern angenommen worden, so ist dieser der anderen Kammer mitzuteilen, die demselben ebenfalls zustimmen muß, damit ein Gesamtbeschluß des Landtags zustande komme (Tit. VII § 20 Abs. 2); dieser wird dem Gesamtstaatsministerium behufs Vorlage an den König übersandt (Geschäftsgangsgesetz vom 19. Januar 1872 Art. 39). Der König verbescheidet die von den Kammern gestellten Anträge entweder sogleich nach der Vorlage eines jeden einzelnen Gesamtbeschlusses oder spätestens beim Schluß der Versammlung im Landtagsabschiede (Art. 40 des Geschäftsgangsgesetzes von 1872).

Ueber die formelle Behandlung von Initiativanträgen auf Abänderung der Verfassung und deren Zusätze gibt das Initiativgesetz von 1848 besondere Vorschriften; sie sind einer sofortigen Verhandlung zu unterwerfen, bedürfen einer besonderen Unterstützung zu ihrer weiteren Beratung, sind an einen verstärkten Ausschuß zu verweisen und können nur nach dreimaliger Beratung und Beschlußfassung in Zwischenräumen von wenigstens acht Tagen angenommen werden; dabei müssen dreiviertel der bei der Versammlung anwesenden Mitglieder in der Kammer gegenwärtig sein und eine Mehrheit von $^2/_3$ dem Beschluß ihre Zustimmung gegeben haben. Der König kann seine definitive Entschließung auf ein Jahr vertagen.

Wird ein von den Kammern vorgeschlagenes Verfassungsgesetz erlassen, so darf deren Initiative in bezug auf dasselbe vor Ablauf von zwölf Jahren nicht wieder geübt werden.

§ 5. Anhang.

Das Recht der Petitionen der Staatsangehörigen an den Landtag.

Wohl zu unterscheiden von dem hier zu behandelnden Petitionsrecht des Landtags an den König, das in der Verfassungsurkunde seine gesetzliche Regelung gefunden hat, ist das Recht — oder vielmehr richtiger die Möglichkeit — der Petitionen des einzelnen Staatsangehörigen an den Landtag. Von einem Recht der Petitionen zu sprechen, ginge nur dann an, wenn dieses Recht in irgendeiner gesetzlichen Bestimmung seine Grundlage gefunden hätte, was jedoch keineswegs der Fall ist, und wenn auf Grund dieser Bestimmung eine rechtliche Verpflichtung für den Landtag bestände, den an ihn gerichteten Petitionen in irgendeiner Form Beachtung zu schenken. Dem ist jedoch nicht so. Es läßt sich nur soviel sagen, daß allmählich sich während des Bestehens des parlamentarischen Lebens die Uebung herausgebildet hat, daß von seiten der Staatsangehörigen in mannigfachster Form Schreiben verschiedensten Inhalts an den Landtag gerichtet und daß diese Schreiben — da sie oftmals beachtenswerte Anregungen in dieser oder jener Richtung enthielten, dann auch von den Kammern einer Prüfung und Würdigung unterzogen wurden: „es besteht kein Verbot für die Staatsangehörigen und ebensowenig für die Nicht-Staatsangehörigen, an die Kammern zu schreiben, noch für die Kammern, solche Zuschriften anzunehmen; die Möglichkeit, Briefe zu schreiben, kann man jedoch nicht als besonderes staatsbürgerliches Recht bezeichnen" (Seydel, Staatsrecht Bd. I S. 362). Infolge des Fehlens jeglicher Normen haben sich allmählich — sozusagen gewohnheitsrechtlich — gewisse Grundsätze herausgebildet über die geschäftliche Behandlung derartiger Petitionen, die in § 31 der Geschäftsordnung der Kammer der Abgeordneten vom 8. August 1904 und in mehreren Plenarbeschlüssen aus den Jahren 1903 und 1906 niedergelegt sind.

Die Geschäftsordnung der Kammer der Abgeordneten enthält hierüber Nachstehendes:

I. Alle Petitionen, von deren Inhalt die K. Staatsregierung nicht bereits vorher Kenntnis erlangt hat, sind in doppelter Ausfertigung vorzulegen.

II. Diejenigen Petitionen, welche mit Gegenständen in Verbindung stehen, die bereits einem Ausschusse zugewiesen sind, werden in diesem Ausschusse behandelt. Ueber die Behandlung von Petitionen, welche mit Gegenständen des Budgets zusammenhängen, hat, soweit diese Gegenstände nicht an den Finanzausschuß verwiesen sind, die Kammer zu beschließen. Alle übrigen Petitionen sind im Petitionsausschusse zu behandeln.

III. Petitionen, welche grobe Beleidigungen enthalten, können durch Beschluß des Ausschusses von der Beratung ausgeschlossen werden.

IV. Petitionen werden sachlicher Prüfung nicht unterstellt, wenn der erforderliche Instanzenzug nicht betreten oder nicht erschöpft ist oder deren Gegenstand der richterlichen Entscheidung unterliegt. Dasselbe gilt von Petitionen, deren Inhalt — wenn auch in geänderter Fassung — einen Antrag oder eine Bitte wiederholt, über welche während derselben Landtagsversammlung die Kammer oder ein Ausschuß bereits Beschluß gefaßt hat, soferne nicht die Sitzungen des Landtags durch eine königliche Vertagung unterbrochen worden sind.

V. „Die Petitionen bleiben unberücksichtigt, wenn sie nicht bis zum Beginne der Beratung des betreffenden Etats oder sonstigen Gegenstandes im Plenum in den Einlauf der Kammer gelangt sind. Wenn ein Etat oder sonstiger Gegenstand in getrennten Zeitabschnitten zur Beratung im Plenum gelangt, so gilt diese Bestimmung für jeden dieser Zeitabschnitte.

VI. Petitionen, welche ein Ausschuß für geeignet zur Erörterung im Plenum erachtet, sind dortselbst zu behandeln. Alle anderen, einem Ausschuß zugewiesenen Petitionen werden durch die Beschlüsse des Ausschusses erledigt; dieselben sind in übersichtlicher Zusammenstellung zur Kenntnis der Kammer zu bringen und findet deren Erörterung im Plenum nur statt, wenn mindestens 10 anwesende Abgeordnete hierauf Antrag stellen. Ueber alle aus einem Ausschusse an das Plenum gelangenden Petitionen erstattet der Ausschuß Bericht.

VII. Dem Gesuchsteller ist in jedem Fall der Bescheid des Ausschusses oder der Kammer durch besonders auszufüllende Formulare unter Anführung des betreffenden Protokolls der Ausschußsitzung bezw. des stenographischen Berichtes durch das Bureau mitzuteilen. Ist die Petition von mehreren eingereicht, so geht die Mitteilung an den zuerst Unterzeichneten.

VIII. Eine Aneignung der Petitionen findet nicht statt. — Zu diesen in der Geschäftsordnung gegebenen Normen wurden noch folgende Vollzugsbestimmungen beschlossen:

a) durch die Plenarbeschlüsse vom 22. XI. 05 (vergl. Sten. Ber. 1905 Bd. I S. 799) und vom 6. III. 06 (vergl. Sten. Ber. 1906 Bd. III S. 192):

Die Kammer erklärt sich einverstanden, daß für die Behandlung derjenigen Petitionen, welche mit Gegenständen des Budgets zusammenhängen soweit diese Gegenstände nicht an den Finanzausschuß verwiesen sind, das in den folgenden Sätzen bezeichnete Verfahren zu gelten habe.

1. Die in Frage stehenden Petitionen sind dem Finanzausschusse zuzuweisen, dessen Vorsitzender hiefür je einen Referenten ernennt.

2. Dieser Referent hat nach Maßgabe der für den Finanzausschuß bestehenden besonderen Geschäftsordnung über Form und Inhalt der betreffenden Petition Bericht an den Finanzausschuß zu erstatten.

3. Letzterer prüft und entscheidet zunächst über die formellen Voraussetzungen — vergl. § 31 Abs. I, II Satz 1, Abs. III, IV, V — und tritt, falls ein formeller Mangel nicht im Wege steht, in die sachliche Behandlung ein. Hiebei wird er zuförderst prüfen, ob eine sachliche Würdigung und eventuelle Antragstellung an das Plenum ohne vorausgehende Vorberatung des Etats oder Etatsteiles und der hiezu etwa einschlägigen besonderen Verhältnisse erfolgen könne.

4. Bejahendenfalls beschließt der Finanzausschuß in gleicher Weise wie über jene Petitionen, welche mit dem Finanzausschusse überwiesenen Etats oder Etatsteilen in Verbindung stehen.

5. Verneinendenfalls bestimmt der Finanzausschuß einen Referenten, welcher dem Plenum über den Inhalt der Petition und über die Verhandlung im Finanzausschuß Bericht zu erstatten hat; eine Antragstellung namens des Finanzausschusses an das Plenum unterbleibt, jedoch ist selbstverständlich der Referent gleich

den übrigen Mitgliedern der Kammer befugt, persönlichen Antrag zu stellen.

6. Die in Frage stehenden Petitionen bleiben unberücksichtigt, wenn dieselben nicht bereits bis zum Beginne der Beratung des betreffenden Etats im Plenum in den Einlauf der Kammer gelangt sind.

b) Durch Beschluß vom 19. I. 06 (vergl. Sten. Ber. Bd. II S. 540):

Die Kammer erklärt sich einverstanden, daß ihre jeweilige Stellungnahme zu den einer sachlichen Prüfung zu unterziehenden Petitionen in folgender Weise zum Ausdruck gebracht werde:

I. Uebergang zur Tagesordnung
erfolgt, wenn das Gesuch für unbegründet erachtet wird.

II. Die Petition ist als erledigt zu erachten:
Wenn und insoweit nach der Erklärung der königl. Staatsregierung das Gesuch bereits gewährt ist oder dessen Gewährung bevorsteht oder aus anderen Gründen gegenstandslos geworden ist.

III. Die Petition ist der k. Staatsregierung als Material zu übergeben:
Wenn das Gesuch für geeignet erachtet wird, bei der Ausarbeitung eines zu erlassenden bezüglichen Gesetzentwurfes oder vor Erlassung einer zu erwartenden bezüglichen Verordnung oder Entschließung geprüft und unter Umständen berücksichtigt zu werden.

IV. Die Petition wird der k. Staatsregierung zur Kenntnisnahme übergeben:
Wenn das Gesuch zwar nicht als völlig unbegründet sich darstellt, wenn jedoch zurzeit kein Anlaß zu näherer Prüfung besteht, solche vielmehr vorerst der k. Staatsregierung überlassen werden will.

V. Die Petition wird der k. Staatsregierung zur Würdigung übergeben:
Wenn für die Gewährung des Gesuches eine Reihe von Gründen spricht, so daß der k. Staatsregierung die weitere oder erneute Prüfung der Angelegenheit empfohlen, und sofern sich hiebei das Bedürfnis und die Durchführbarkeit herausstellt, eventuell auch die Einsetzung eines Postulats im nächsten Etat anheim gegeben wird.

VI. Die Petition wird der k. Staatsregierung zur Berücksichtigung übergeben:
Wenn das Gesuch im vollen Umfang als berechtigt und durchführbar sich darstellt, so daß dessen baldige Erfüllung erwartet wird, und zwar, soweit hiezu Geldmittel erforderlich sind, zunächst durch Vorlage eines bezüglichen Postulats in laufender oder doch in nächster Session.

III. Kapitel.

Die Entstehungsgeschichte des Petitionsrechtes.

§ 6.

Wenn wir auf die Entstehungsgeschichte des Petitionsrechtes näher eingehen, um aus dieser auf den Willen des Gesetzgebers unsere Schlüsse zu ziehen und Anhaltspunkte für die Auslegung zu gewinnen, so hat diese Betrachtung ihren Ausgang zu nehmen von dem Reskript König Maximilian Josefs vom 17. September 1814, die Revision der Verfassung von 1808 betreffend, das an diesem Tage an den königlichen Geheimen Rat erlassen wurde. Es besteht keine Veranlassung, auf die Stellung der alten Landstände, wie sie sich im 14. Jahrhundert entwickelt und als „Verordnung" bis zu Anfang des 19. Jahrhunderts formell bestanden haben, zurückzugreifen. Die letzte Berufung der Landstände fand statt 1669 durch Ferdinand Maria; seither gab es nur noch einen sogenannten „Landschaftlichen Ausschuß": ein in Wahrheit nicht mehr zu Recht bestehendes Institut; denn seit 150 Jahren verhandelte dieser mit den Fürsten Bayerns im Namen einer Vollmacht, die ihm von dem letzten Landtag nur auf 9 Jahre erteilt worden ist. (Vergl. hiezu Karl Theodor Heigel: Quellen und Abhandlungen der neueren Geschichte Bayerns S. 375 ff.) Zwischen diesen Landständen und dem auf der Verfassungsurkunde vom 26. Mai 1818 beruhenden Landtag besteht, wie wir schon in Kap. I dargelegt haben, keinerlei rechtlicher Zusammenhang; denn die landständischen Verfassungen und der nur noch ein Scheindasein führende landschaftliche Ausschuß wurden, als man in den Jahren 1807 und 1808 an die Reformation der bayerischen Verfassungsverhältnisse herantrat, nicht etwa nur umgestaltet und den neueren Anschauungen angepaßt, sondern der König erklärte in einer Verordnung vom 1. Mai 1808 — veröffentlicht im Regierungsblatt vom 18. Mai 1808 S. 961 — (siehe auch Heigel a. a. O. S. 377) ausdrücklich, „er habe es für zweckmäßig gefunden, seinem Reiche eine neue allgemeine gleiche Konstitution zu geben und statt der bisher nur in einzelnen Provinzen bestandenen besonderen landschaftlichen Verfassungen eine allgemeine Repräsentation einzuführen, was die ausdrückliche Aufhebung der bisherigen landschaftlichen Körperschaften zur Folge hatte, wie dies durch die am gleichen Tage gegebene Konstitution in Tit. I § 2 geschehen ist (vergl. Weber: Gesetzsammlung Bd. I S. 161). Diese Konstitution — bekannt gemacht im Regierungsblatt vom 25. Mai 1808 — enthält denn auch die Schaffung einer Nationalrepräsentation als Landesvertretung in Tit. IV § 1 ff. und von Kreisversammlungen in Tit. III, aus deren Wahl die Nationalrepräsentanten hervorgehen sollten; die Nationalrepräsentation sollte vier Kommissionen wählen, deren Tätigkeit sich auf finanzielle, bürgerliche und peinliche Gesetzgebung, innere Verwaltung und Schuldentilgung erstrecken sollte; die Rechte dieser Landesvertretung waren auf diese vier Gebiete beschränkt und genau festgelegt; ein Recht „Wünsche und Anträge in geeigneter Form an den König zu bringen", kennt diese Konstitution von 1808 nicht; sie sagt ausdrücklich in Tit. IV § 7 Satz 2 (Weber I S. 164): „Niemand ist befugt, das Wort zu führen, als die königlichen Kommissäre aus dem Geheimen Rat und die Mitglieder der einschlägigen Kommission der Repräsentation." Dies charakterisiert Gustav Frhr. von Lerchenfeld (vergl. dessen „Geschichte Bayerns unter Maximilian Josef I." S. 40) mit Recht als eine sehr bezeichnende Verfügung über den Gang der Verhandlungen. Im Gegensatz zur Nationalrepräsentation hatte die aus der Kreisversammlung durch Ernennung durch den König hervorgegangene Kreisdeputation (Tit. IV § 2) das Recht Anträge und Wünsche in bezug auf die Verbesserung des Zustandes des Kreises durch das Ministerium des Innern an den König gelangen zu lassen; dieses Recht deckt sich jedoch keineswegs mit dem in der späteren Verfassungsurkunde festgelegten Petitionsrechte. Auch das Reskript Maximilian Josefs vom 17. September 1814 — abgedruckt bei Lerchenfeld a. a. O. S. 336 ff. —, durch das die Verfassungsreform nach den vorausgegangenen Kriegsjahren wieder in Fluß gebracht worden ist, enthält keine positive Bestimmung, sondern erklärt in Ziff. VIII 12: „die beiden Kammern können nur über jene Gegenstände in Beratung treten, die wir an sie bringen lassen, um ihre Zustimmung zu erholen", und gleichzeitig wird der Kreis der hierher gehörigen Gegenstände genau umgrenzt, so daß also nach dem hier geäußerten königlichen Willen kein Raum bleibt für Beratung und Beschlußfassung über Gegenstände, zu denen der Landtag aus seiner Mitte heraus — wenn auch im Rahmen seines Wirkungskreises — Stellung zu nehmen und selbständig Vorschläge zu machen gedächte; ein Petitionsrecht und mit diesen zusammenhängend ein Recht der Gesetzesinitiative sollte dem Landtag nicht zukommen.

Die Aufgabe, nach den in dem zitierten Reskript des Königs aufgestellten Grundzügen „das anbefohlene Revisionsgeschäft zu beginnen und möglichst zu beschleunigen" wurde einem besonderen Ausschuß höherer Staatsdiener übertragen, dessen Mitglieder in einem eigenen Reskript vom gleichen Tage ernannt wurden (vergl. auch für das Folgende Heigel a. a. O. S. 381 ff., Lerchenfeld a. a. O. S. 72 ff.). Während der Beratung dieses Revisionsausschusses, dessen Sitzungen sich von Oktober 1814 bis Januar 1815 hinzogen, ist es zu einer Reihe von ernsten Kämpfen gekommen zwischen den Mitgliedern, die die Neugestaltung der Verfassung streng nach den Grundsätzen und auf der Grundlage der Konstitution von 1808 und nach dem Reskript vom 17. September 1814 herbeiführen wollten, und jenen, „welche in Erkenntnis der Lücken der

Verfassung, welche man geben wollte, ernstlich bestrebt waren, diese geeignet auszufüllen und sie mit jener Offenheit und Freimütigkeit darzustellen, welche insbesondere Lerchenfeld für die erste Pflicht eines würdigen Staatsdieners und eines seinem Monarchen treu ergebenen Ratgebers erkannte". Ein Einblick in jene Verhandlungen gewährt vor allem Gustav Frhr. von Lerchenfelds Geschichte Bayerns unter König Maximilian Josef I., die den Vorzug hat, daß bei der Darstellung von seiten des Verfassers eine große Anzahl von Notizen und Korrespondenzen eines der Mitglieder des Revisionsausschusses, des damaligen Hofkommissärs von Würzburg und späteren Finanzministers Max Frhr. von Lerchenfeld benützt wurden. Von letzterem sind eine Anzahl sehr bedeutungsvoller Vorschläge und Anregungen ausgegangen, die zwar anfangs von den Mitgliedern des Ausschusses bekämpft und nicht in die von diesem gefaßten grundlegenden Beschlüsse aufgenommen wurden, die jedoch später bei den Verfassungsberatungen von 1818 — nicht zum wenigsten nach den Aeußerungen des Kronprinzen Ludwig — allgemeine Beachtung gefunden haben und schließlich in dieser oder jener Gestalt in die Verfassung von 1818 aufgenommen worden sind.*)

Die Sitzungen des Revisionsausschusses nahmen am 20. Oktober 1814 ihren Anfang (über die Sitzungen und deren Ergebnis vergl. Heigel a. a. O. S. 381 ff., Lerchenfeld a. a. O. S. 73 u. 343 ff., Seydel Staatsrecht Bd. I S. 101 ff. u. 375 ff.). Ausgehend von dem Gedanken, „daß die eigentlichen Repräsentanten der Nation nur der König und seine Beamten sein könnten, daß man durchaus nicht zu begreifen vermöge, wie man auf Erweiterungen der Befugnisse der Stände antragen könne, nachdem S. M. der König aus besonderer Gnade auf einige von Allerhöchst dero Souveränrechte großmütig verzichtet hätten", fand man sich berufen, Beschränkungen der Rechte der Stände in Antrag zu bringen, wovon in dem Reskript vom 17. September 1814 keine Spur enthalten ist. Zu der Bestimmung des Königlichen Reskripts vom 17. September 1814 Ziff. VIII 12, wonach den Kammern keine Beratung gestattet sein soll, außer über jene Gegenstände, die der Monarch an sie bringen lassen wird, um ihre Zustimmung zu erholen — es sollte ihnen also das Recht aller eigenen Beratung über die in ihren Wirkungskreis gehörigen Gegenstände genommen sein — erklärte von Lerchenfeld (Lerchenfeld a. a. O. S. 346 III, Seydel a. a. O. S. 375) in der Sitzung des Revisionsausschusses vom 13. Dezember 1814 sich mit großer Wärme und unter Berufung auf die französische und englische wie auf die nassauische Verfassung dafür, daß das Volk in seinen Ständen „nicht nur das Recht der Antwort, sondern

*) Die nachstehende Darlegung auf Grund der Akten zu geben, ist dem Verfasser infolge des schon in der Einleitung besprochenen sein Gesuch um Gestattung der Einsichtnahme in jene Akten ablehnenden Bescheids des Kgl. Staatsministeriums des Innern vom 16. Juli 1908 Nr. 34 StR. unmöglich gemacht.

auch der Sprache haben sollte". „Die Kammern dürfen über keine Beschwerde der Untertanen, über keine Gebrechen der Administration, über keinen Eingriff der Minister in Beratung treten — sie sind bloß antwortende Maschinen auf die ihnen vorgelegten Fragen." Statt dieses Satzes Ziff VIII 12 schlug Lerchenfeld daher vor, zu setzen: „die beiden Kammern können nur über jene Gegenstände in Beratung treten, die zu ihrem Wirkungskreis gehören". Ritter von Lang — Vorstand des Reichsheroldsamtes und Direktor des Reichsarchivs — trat der Auffassung Lerchenfelds bei und hob hervor, daß, wenn die Konstitution jedem einzelnen das Recht gebe, Beschwerden über Verletzungen der ihm verfassungsmäßig zugesicherten Rechte bei den Kammern anzubringen, dieses Recht den Kammern selbst als den Vertretern des ganzen Volkes noch weniger entzogen werden könne. — Den Ständen war ferner weder die Befugnis eingeräumt, dem König einen Gesetzesvorschlag zu machen, noch denselben zu bitten, ein Gesetz über einen Gegenstand in Antrag zu bringen und dessen Inhalt anzugeben. Lerchenfeld fand daher die Mitwirkung der Stände zu der Gesetzgebung sehr unvollkommen, „ja man hat sogar bloß von dem Beirat und Gutachten der Stände gesprochen, ich habe jedoch bewirkt, daß S. M. gebeten werden, statt Gutachten Zustimmung zu setzen, da sonst die Stände als ein bloßer geheimer Rat angesehen werden, den man, sofern man es für gut findet, mit seinem Gutachten vernimmt, ohne, wenn er etwas nicht will, sich hieran zu binden". v. Lerchenfeld drang mit seinen Anregungen jedoch nicht durch; der Ausschuß nahm die Bestimmungen in der Fassung der königlichen Entschließung an (Tit. VII § 2 des Entwurfs, siehe v. Lerchenfeld a. a. O. S. 74 u. 75), wonach das einfache Petitionsrecht sowohl wie das Recht der Gesetzesinitiative ausgeschlossen sein sollte.

Der Entwurf wurde Mitte Februar 1815 nach Wien gesandt, wo sich damals der König und der Kronprinz anläßlich des Wiener Kongresses aufhielten. Auch dem Thronfolger wurde der Entwurf mitgeteilt. (Heigel a. a. O. S. 385, Seydel Staatsrecht I S. 102 ff.; vergl. zu dem folgenden auch Seydel, Die bayerische Verfassung und die Karlsbader Beschlüsse — Allgemeine Zeitung 1883 Hauptblatt vom 10. und 11. August Nr. 221 u. 222.)

In einem Reskript d. d. Wien den 14. März 1815 erklärte der König, er habe mit Vergnügen ersehen, mit welcher Gründlichkeit und Geschäftskunde die Kommission gearbeitet habe, fügte jedoch gleichzeitig bei, er sei mit den Berichten seiner Minister einverstanden, daß eine für die Dauer bestimmte und in einer für Deutschland ebenso wichtigen als bedenklichen Krisis entworfene Verfassung der sorgfältigsten Prüfung noch zu unterwerfen sei. „Nach reifer Ueberlegung und nachdem Ich den Kronprinzen vernommen habe, remittiere Ich Ihnen daher den Entwurf mit der Entschließung diesen Gegenstand unter Berücksichtigung der hier beifolgenden Bemerkungen Meines Sohnes einer nochmaligen genauen

Revision und Diskussion zu unterlegen.“ Die in diesem Schreiben erwähnten Bemerkungen des Kronprinzen Ludwig sind sowohl für die Ausgestaltung der Verfassungsurkunde als Ganzes, als auch besonders für das Petitionsrecht der Stände von besonderer Bedeutung und erheblichem Einfluß gewesen und sind daher — soweit es ohne Einblick in das im Archiv des Staatsrats befindliche Schriftstück selbst möglich ist — hier näher zu betrachten:

Der Kronprinz spricht sich fast durchwegs in einem den Volksrechten günstigen Sinne aus, obwohl ihm nicht entgeht, welches Opfer gerade für ihn damit verbunden sei. (Vergl. Max v. Lerchenfeld: Aus den Papieren des k. b. Staatsministers Maximilian Frhr. von Lerchenfeld. Nördlingen 1887 S. 97.) „Es wußte der Thronfolger sehr wohl, erklärte er selbst, als er diese Beschränkungen vorschlug, daß jede, die angenommen werde, auch für ihn gültig sein wird und daß er sich selbst große, vielleicht unüberwindliche Hindernisse in den Weg lege, manche lebhafte Lieblingsneigung auszuführen.“ Neben einem weit ausgedehnten Steuerbewilligungsrecht wollte der Kronprinz den Kammern das Recht der Initiative voll und unbeschränkt eingeräumt wissen. Zu Tit. VII § 2 bemerkte er: „Das Beste des Königs und seines Volkes erheischt, daß sowohl jeder Standesherr wie Abgeordneter jeden zum Wohl des Landes oder einer Klasse, einer Körperschaft geeignet gehaltenen Vorschlag in seiner Kammer zur Beratung tun darf, desgleichen wegen Abschaffung des für schädlich Geglaubten. Wenn die Mehrheit in der Kammer, in welcher der Vorschlag geschehen, dafür stimmt, das Gesuch an den König zu machen, so wählt die Kammer drei ihrer Mitglieder, von welchen außerhalb des ständischen Palastes das Gesuch (Petition) anzunehmen, der König verbunden sei.“ (Vergl. Max v. Lerchenfeld a. a. O. S. 105 ff.) Weiter trat der Kronprinz dafür ein, daß jedes Kammermitglied in seiner Kammer Verfassungsänderungen in Vorschlag bringen könne: „Das vermögen die Menschen nicht, etwas für immer anzuordnen, seien es Einrichtungen oder Verfassungen; es wäre auch nicht gut, wenn sie dies könnten; unaufhaltbar schreitet die Zeit; aber darauf sollen sie Sorge tragen, daß Abänderungen gesetzlich angenommen werden könnten, aber möglichst vermeiden, daß sie nicht gewaltsam geschehen. Darum stehe notwendig jedem Mitglied das Recht zu, in seiner Kammer Aenderungen in Vorschlag zu bringen und für solche zu stimmen. (Vergl. Heigel a. a. O. S. 386 und Max v. Lerchenfeld a. a. O. S. 109, Seydel Staatsrecht I a. a. O. S. 376 u. 103, Seydel in Allgemeine Zeitung a. a. O. Nr. 121.)

Die Verfassungsrevision blieb damals liegen; erst im Jahre 1817 kam der König wieder darauf zurück; die wirkliche Inangriffnahme der Arbeiten erfolgte aber erst im nächsten Jahre infolge neuerlicher Weisungen des Königs. Eine königliche Entschließung vom 16. Februar 1818 an den Staatsminister der Armee Grafen Triva gerichtet, brachte die Verfassungsverhandlung wieder in Fluß.

Der König ordnete dabei an, es solle die Verfassung in allen ihren Teilen in Beratung genommen und dabei die im Jahre 1814 entworfene Konstitutionsurkunde mit den danach verfaßten einschlägigen organischen Edikten zum Grunde gelegt werden. Es kann keinem Zweifel unterliegen, daß die Aeußerungen des Kronprinzen Ludwig bei der Ausarbeitung der Verfassung allgemeine Beachtung fanden und gerade diejenigen Mitglieder der Kommission, die auf eine Erweiterung der Volksrechte bedacht waren, in ihrem Standpunkte bestärkten.

In der Sitzung der Ministerialkonferenz vom 21. April 1818 beantragte v. Zentner, das Petitionsrecht der Stände in folgende Paragraphen zu formulieren: „Sie können ihre Wünsche und Anträge über allgemeine Landesangelegenheiten, sowie auch allgemeine und besondere Beschwerden einzelner Landesteile oder Untertanenklassen über verletzte konstitutionelle Rechte an den König bringen; dergleichen Anträge und Beschwerden müssen aber in jeder Kammer besonders erörtert und es muß in jeder Kammer darüber abgestimmt werden. Sie können dem König nur dann vorgelegt werden, wenn sie die Zustimmung der Mehrheit in jeder Kammer erhalten haben.“ Lerchenfeld äußerte hierauf, er würde das Petitionsrecht noch mehr und zwar nur auf die Gegenstände, die in dem Wirkungskreis der Stände lägen, beschränken und deswegen zwischen Anträgen und Wünschen und den Beschwerden, welche sie an den König bringen könnten, unterscheiden. Er beantragte hiernach §§ 19—21, welche mit unbedeutenden Abänderungen die jetzigen §§ 19, 20 und 21 Abs. I des Tit. VII der Verfassung bilden. Sie wurden von der Konferenz angenommen. Zentner hatte geglaubt, man solle das Petitionsrecht nicht auf den Wirkungskreis der Stände beschränken, wogegen Krenner meinte, es sei dies keine Beschränkung, da alle Gegenstände sich nach der gegebenen Bewilligung der ordentlichen und außerordentlichen Steuern in den Wirkungskreis der Stände eigneten (Seydel: Staatsrecht I S. 377).

In der gleichen Sitzung hatte Zentner auch vorgeschlagen, zur Sicherung der Verfassung und um zu verhindern, daß nicht ihre Bestimmungen gleich in der ersten Zusammenberufung der Stände angegriffen würden und man Abänderungen fordere, die wesentliche Bestimmung aufzunehmen, daß von den Ständen keine Abänderung in den Bestimmungen der Verfassung in Antrag gebracht werden dürfe, sondern daß die Initiative hiezu von dem König ausgehen müsse. Von allen Mitgliedern wurde die Bestimmung als wesentlich erkannt. Lerchenfeld wünschte auch in dem Fall, daß von dem König die Initiative zu einer solchen Abänderung gegeben würde, das Erfordernis einer Zweidrittelmehrheit für die Annahme in den Kammern. Man vereinbarte hiernach vorläufig folgende Fassung: „Abänderungen in den Bestimmungen der Verfassungsurkunde können nur mit Einwilligung der Ständeversammlung getroffen werden. Dazu werden von jeder Kammer zwei Drittel der anwesenden Stimmen erfordert. Die Initiative zu irgendeiner Abänderung steht allein dem König zu." In der Sitzung vom 23. April zählte dann Zentner unter den Gewährschaften der Verfassung auch die Erklärung auf, „daß Abänderungen irgendeiner Bestimmung in der Verfassungsurkunde nur von dem König ausgehen könnten und den Ständen in Beziehung auf die Verfassung nicht im mindesten Initiative zustehen sollte. Zentner beantragte sodann jene Fassung, welche Tit. X § VII der Verfassungsurkunde aufweist (Seydel a. a. O. S. 377, Max v. Lerchenfeld a. a. O. S. 108 ff.).

IV. Kapitel.

Die Behandlung des Petitionsrechtes in den Kammern.

§ 7.

I. Die Zeit von 1819—1848.

1. Welche außerordentliche Bedeutung dem in den §§ 19 u. 20 Tit. VII der Verfassungsurkunde festgelegten Petitionsrechte des Landtags zukommt, erhellt schon aus der Tatsache, daß die beiden Hauptstreitpunkte einmal, ob den Kammern überhaupt das Recht nach ihrem Wirkungskreise zusteht „Initiative" zu geben für ein Gesetz und dann ob die Stände Wünsche und Anträge auch in bezug auf Verfassungsänderungen an den König zu richten berechtigt seien, schon in den ersten Verhandlungen zu lebhaftem Meinungsaustausch in der Kammer der Abgeordneten Anlaß gab.

Der Abgeordnete Hofrat Behr hatte an die Kammer der Abgeordneten einen Antrag eingebracht (siehe Verhandlungen der zweiten Kammer der Ständeversammlung des Königreiches Bayern 1819 Bd. II S. 152 ff.) „Vollziehung der Verfassung durch Aufstellung einer gesetzlichen Norm für die Zensur der Zeitungen und Zeitschriften betreffend." Dieser Antrag enthielt eine Bitte an den König um Vorlage eines Gesetzes für die Zensur, welches die in der Verfassung Tit. IV § 11 zugesicherte rechtmäßige Freiheit der Meinungen wirklich sichere. Der Ausschuß der Kammer der Abgeordneten, über dessen Beratungen wir durch das Referat des Abgeordneten v. Gravenreuth aus der Sitzung vom 5. März 1819 (Verhandl. d. k. Abg. Protokolle Bd. II S. 137 ff. S. 149) Näheres erfahren, nahm zu der Frage, ob den Ständen die Initiative zu einem Gesetz bezw. einem Verfassungsgesetz zustehe, Stellung und erklärte sich dahin, daß der Antrag auf Erlassung einer gesetzlichen Norm bezüglich der Zensur einen ergänzenden Zusatz zur Verfassung beabsichtige, wozu die Initiative nicht den Ständen, sondern dem König allein gebühre. „Unverhüllt schien es, daß die Annahme eines solchen Grundsatzes die Tendenz zeige, die königliche Gewalt auf eine auffallende Weise zu beschränken." Die Stände des Reichs seien hiezu nicht berufen, ihre Verpflichtungen seien bloß, nach den Anordnungen der Staatsverfassung des ganzen Landes Wohl und Beste zu beraten. Diese Auffassung begegnete aus der Mitte der Kammer lebhaftem Widerspruch; der Antragsteller Abgeordneter Behr erklärte, daß ein Antrag auf Vollziehung konstitutioneller Normen mit dem Geist der Verfassung im Einklang stehe, und da jene der Ausdruck des königlichen Willens sei, so könne dieser durch einen Antrag jener Art unmöglich beschränkt, es könne ihm vielmehr nur volle Kraft gegeben werden wollen. Einen ähnlichen Standpunkt vertrat der Abgeordnete Häcker: Gerade weil die Stände zusammen berufen seien, nach den Anordnungen der Verfassung des Landes Wohl und Beste zu beraten, gerade deshalb müßten die Stände berechtigt sein, den König zu bitten, einen Gesetzentwurf über die Zensur den Ständen zur Beratung vorzulegen. Abgeordneter Seufert hatte einen Entwurf zu einer gesetzlichen Instruktion der Zensurbehörden vorgelegt. (Verhandlung der K. d. Abg. Protokolle II S. 230.) Unter Bezugnahme hierauf sprach der Abgeordnete Häcker zum ersten Male den Grundsatz aus, „daß es den Ständen nach ihrem Wirkungskreis zustehe, Initiative zu geben für ein Gesetz" (Verh. a. a. O. S. 252) und beantragte über den Antrag Behr unter Zugrundelegung dieses Entwurfes erneut zu beraten. Treffend unterschied der Abgeordnete Behr im Verlauf der Debatte über seinen Antrag zwischen Initiative zu konstitutionellen Gesetzen, und allen anderen, welche nicht einen Teil der Verfassung selbst ausmachen; bei ersterem sei es ganz richtig, daß hier den Ständen keine Initiative zustehe, denn diese habe sich der König in der Verfassungsurkunde selbst vorbehalten, allein selbst in diesen Fällen könne doch von den Ständen ehrfurchtsvoll gebeten werden, die Initiative zu einem solchen Gesetz den Ständen zu geben; was die zweite Art von Gesetzen anlange, so könnten die Stände ohne allen Anstand auch Gesetzentwürfe vorlegen. Ueber den Antrag Behr hatte das Präsidium fünf Fragen entworfen, die in der 17. Sitzung der Kammer der Abgeordneten diesen vorgelegt wurden. (Vergl. Verh. Prot. Bd. II S. 274 u. 328.) Von diesen fünf Fragen interessiert hier nur die vierte, die dahin lautete: „Soll von seiten der Kammer selbst der Vorschlag einer gesetzlichen Instruktion für die Zensurbehörden an die Regierung gebracht werden?", welche in der Sitzung vom 16. April 1819 (Verh. a. a. O. S. 359) im bejahenden Sinn durch die Kammer beantwortet wurde. Damit hat die Kammer der Abgeordneten zum erstenmal in ihrer

Mehrheit sich dafür entschieden, daß ihr das Recht der Gesetzes-initiative nach ihrer Auffassung verfassungsmäßig zustehe.

Es dauerte nicht lange, so wurde auch die zweite Streitfrage, ob den Ständen das Recht Wünsche und Anträge auch in bezug auf Verfassungsbestimmungen an den König zu bringen zustehe, Gegenstand lebhafter Besprechungen in der Kammer der Abgeordneten. Abgeordneter Frhr. von Aretin hatte einen Antrag auf Erteilung der freiwilligen Gerichtsbarkeit an die Städte eingebracht; der sechste Ausschuß hatte in seiner Sitzung vom 18. Mai 1819 (vergl. Verh. d. Kamm. d. Abg. 1819 Prot. Bd. VII S. 124 bis 126) beschlossen, diesen Antrag zurückzuweisen und zwar nicht aus sachlichen Gründen, sondern aus der Erwägung, „daß der Kammer keine Initiative zusteht, zu Abänderungen oder Zusätzen in den Bestimmungen der Verfassungsurkunde, da die Vorschläge hiezu allein vom König ausgehen und die Stände nur darüber beratschlagen dürften, wenn sie auf diesem Weg an sie gelangt sind“. In dem Antrag als solchen wurde eine Verfassungsänderung erblickt, da die Verfassungsurkunde im Tit. V § 4 Nr. 1 allein dem Adel ausschließlich das Recht erteile, eine gutsherrliche Gerichtsbarkeit auszuüben. Dieser Beschluß führte in der Kammer der Abgeordneten vom 19. Mai 1819 zu einer prinzipiellen Aussprache über das Recht, mit Wünschen und Anträgen auf Verfassungsänderungen an die Krone heranzutreten.

Es sei auf diese Verhandlungen etwas näher eingegangen, weil sie sehr lehrreiche Streiflichter werfen auf die Auffassung des ersten bayerischen Landtags von dieser Streitfrage. Zunächst wurde von den Befürwortern dieses Rechts auf den Unterschied hingewiesen zwischen unmittelbaren und formulierten Vorschlägen zu Verfassungsänderungen, die allein vom König ausgehen können, und Bitten um die königliche Initiative zu solchen (Verh. 1819 Prot. Bd. VII S. 62 ff.) Darüber lasse die Verfassung keinen Zweifel, daß die Stände nur über ausdrücklich an sie gebrachte Vorschläge des Königs in Beratung treten dürfen. Dagegen sei die Frage, ob die Stände den König bitten könnten, Veranlassung zu einer Erweiterung der Verfassung zu nehmen, weder verneinend noch bejahend ausgesprochen, weshalb diese Frage aus der Natur der Sache zu beantworten sei; wenn es jedem einzelnen Staatsbürger zustehe, Bitten an die Krone zu stellen, dann müsse dieses Recht auch den Mandataren zustehen (Abg. Köster Prot. Bd. VII S. 57); denn was den Komittenten zustehe, könne wohl auch den Mandataren nicht versagt werden; — ein Schluß, der jedoch nicht ganz zutreffend erscheint: denn dem einzelnen Staatsbürger ist es erlaubt, alles zu tun, was nicht ausdrücklich durch das Gesetz verboten ist, während umgekehrt der Landtag nur zu solchen Handlungen berechtigt ist, zu denen er ausdrücklich durch das Gesetz befugt ist; ein Schluß darauf, daß dem Landtag eine gewisse Befugnis zustehe, deshalb, weil diese Befugnis dem einzelnen Staatsbürger zusteht, ist nicht angängig, weil der Landtag für sein Tun und Lassen stets eine ihn ermächtigende Gesetzesvorschrift nachweisen muß, wie wir in Kapitel I gesehen haben. Der Präsident vertrat mit Entschiedenheit die Auffassung, daß auch ein Recht der Wünsche auf Ergreifung der Initiative durch den König den Ständen nicht zukomme, da ein Unterschied zwischen Wünschen und Anträgen nicht zuzugeben sei; es sei ein Streit um Worte; denn jeder Wunsch enthalte einen Antrag, jeder Antrag eine Bitte und jede Bitte einen Wunsch. Demgegenüber machte der Abgeordnete Behr geltend, daß einer einfachen Bitte, die die Stände in bezug auf den fraglichen Gegenstand an den König gelangen ließen, dieser Gehör geben könne oder nicht, während auf einen förmlichen Antrag eine Antwort des Königs erfolgen müsse. Die Gegner beriefen sich darauf, daß der Wirkungskreis der Stände in Tit. VII § 2—19 der Verfassungsurkunde vorgezeichnet sei, hier stehe nichts davon, daß die Stände auf Aenderungen der Konstitution antragen dürften; Tit. X § 7 schließe, indem er ausdrücklich verbiete über Verfassungsänderungen zu beratschlagen, naturgemäß auch das Recht in dieser Richtung Bitten vorzubringen aus, die nicht ohne eine vorherige Beratschlagung vorgebracht werden könnten. Sehr einleuchtend scheint demgegenüber die Beweisführung des Abgeordneten Kurz in der gleichen Sitzung Bd. VII S. 72 ff. Er wies zunächst auf den Irrtum hin, daß nur was in Tit. VII der Verfassungsurkunde aufgezählt sei, zum Wirkungskreis der Ständeversammlung gehöre. „Ein großer Teil ihrer Attributionen befindet sich noch in anderen Titeln und namentlich im Tit. X; nach § 7 dieses Titels können Abänderungen in der Verfassungsurkunde nicht ohne die Zustimmung der Stände geschehen; diese Abänderungen gehören also offenbar in den Wirkungskreis der Stände und sie können nach § 1 des Tit. VII sonach auch darüber in Beratung treten." Es frage sich hier, wie sie dies können: Ueber Vorschläge zu solchen Aenderungen können sie nur dann beratschlagen, wenn sie vom König ausgehen. Dies verordnet § 7 Tit. X ausdrücklich. Allein nirgends sei es den Ständen in der Verfassungsurkunde verboten in Beratung zu treten über die an sie gelangenden Wünsche und Bitten, daß es dem König gefallen möge, einen Vorschlag zu irgend einer Abänderung in der Verfassung an die Kammer gelangen zu lassen. Wenn Verfassungsänderungen in den Wirkungskreis der Stände gehören, dann werden diese auch vom Petitionsrecht der Kammern mit umfaßt. Die Streitfrage wurde sodann in einer Anfrage an die Kammer dahin präzisiert: „Hält sich die Kammer für befugt, eine Bitte an Seine Majestät zu stellen zur Veranlassung einer Initiative auf einen Zusatz zur Konstitution?" und diese Frage wurde beschlußmäßig mit allen gegen vier Stimmen bejaht.

Sowohl zu diesem letzten Beschluß vom 19. Mai 1819, als zu dem Beschluß vom 16. März 1819 bezüglich der Erlassung eines Gesetzes die Zensur der Zeitungen betreffend nahm der erste

Landtagsabschied vom 22. Juli 1819 in sehr entschiedener Form Stellung (siehe Gesetzblatt für das Königreich Bayern vom 25. Juli 1819 S. 32ff. besonders S. 50). In Abschnitt III wird erklärt, es seien einige in der Kammer der Abgeordneten gefaßte — den Bestimmungen der Verfassungsurkunde und des Edikts Beilage X zuwiderlaufende — Beschlüsse zu erwähnen, welchen eine nicht mißzuerkennende auf die Erweiterung des durch die Verfassungsurkunde bezeichneten ständischen Wirkungskreises gerichtete Absicht zum Grunde liege. Hierher wurde gerechnet einmal der Beschluß vom 19. Mai bezüglich der Bitte um Veranlassung einer Initiative auf einen Zusatz zu der Verfassung. Von diesem Beschluß wird gesagt, er sei der klaren Bestimmung in Tit. X § 7 der Verfassungsurkunde zuwider „und müßte um so mehr unsere Aufmerksamkeit erregen, als er einen für immer geltenden Grundsatz festsetzen wollte, gegen den nie ein Zweifel, Widerspruch oder Einrede stattfände". Gegen den Beschluß vom 16. März 1819 über den Entwurf einer Instruktion der zur Zensur der politischen Zeitungen und Zeitschriften statistischen und politischen Inhalts angestellten Behörden wurde erklärt, daß hiedurch die Kammer sich gegen die Bestimmungen der Verfassungsurkunde Tit. X § 7 unter einer nichtigen Wendung und gegen Tit. VII § 2 und 19 das Recht der Initiative in der Gesetzgebung beizulegen versuchte. Dieser hier in aller Schärfe ausgesprochene Regierungsstandpunkt besonders bezüglich des Rechts der Stände zur Initiative zu Gesetzen muß um so mehr verwundern, als er einige Jahre später 1827 von der Regierung in aller Form aufgegeben wurde und zwar auffallenderweise so, daß der Regierungskommissär Abel sogar leugnete, daß dieses Recht jemals in Abrede gestellt worden sei.

2. Im Jahre 1825 wurde der Kammer der Abgeordneten von seiten der Regierung eine Geschäftsordnung vorgelegt, welche dazu bestimmt war, dem naturgemäß in dem Anfangsstadium des parlamentarischen Lebens schleppenden Geschäftsgang der Kammer abzuhelfen; es scheint, daß diesem Gesetzentwurf etwas übereilt von der Kammer der Abgeordneten die Zustimmung erteilt worden ist, denn derselbe enthält eine Reihe von Bestimmungen, welche mit der bisher in der Kammer vertretenen Auffassung in entschiedenem Widerspruch stehen; von Lerchenfeld in seiner Geschichte Bayerns unter König Maximilian Josef I. (Seite 287) fällt über sie ein äußerst scharfes Urteil, wenn er sagt, sie verkümmere selbst die wesentlichsten Rechte der Kammer auf die unverantwortlichste Weise. Und dies wohl mit Recht; denn sie enthält unter anderem bezüglich des Petitionsrechtes der Stände in § 81 II (Verh. d. II. K. d. Ständeversammlung 1825 I. Beilagebd. S. 228) die Bestimmung: „Die Wünsche und Anträge der Stände zur Erlassung eines Gesetzes dürfen niemals von einem artikulierten Gesetzentwurf begleitet, noch auf Abänderung irgendeiner Bestimmung der Verfassungsurkunde oder einer Beilage derselben ge-

richtet sein." „Dadurch wird der Kammer die Uebung des unschätzbaren in der Verfassungsurkunde nur in bezug auf Verfassungsänderung der Staatsregierung vorbehaltenen in allen anderen Fällen also offenbar der Kammer zustehenden Rechtes der Initiative auf das kläglichste verkümmert, wenn nicht ganz entzogen (Lerchenfeld a. a. O. S. 288).

3. Die Verhandlungen in der Abgeordnetenkammer in den Jahren 1827/28 brachten eine Erklärung der Staatsregierung, in der sie in einem wesentlichen Punkt, nämlich bezüglich der Initiative der Stände zu einfachen Gesetzen von ihrem im Landtagsabschied von 1819 vertretenen Standpunkt abging.

Anläßlich der Beratung über den Entwurf des Gesetzes, die Einführung der Landräte betreffend, war die Frage aufgetaucht, ob die Landräte als öffentliche Staatsdiener anzusehen seien und deshalb nach Tit. I § 44 lit. C der X. Verfassungsbeilage — jetzt außer Gültigkeit durch die Gesetze vom 2. September 1831, 25. Juli 1850 und 19. Januar 1872 den Geschäftsgang des Landtags betreffend — zum Eintritt in die Kammer der Abgeordneten der königlichen Bewilligung bedürften (Verh. der K. d. Abg. von 1827/28, 14. öffentliche Sitzung vom 22. Januar 1828). Diese Streitfrage, die zwar durch eine entsprechende Fassung des Gesetzes und eine Erklärung von seiten der Regierungsvertreter ihre Erledigung fand (Verh. d. K. d. Abg. 1828 Prot. Bd. 2 S. 535, Prot. Bd. III S. 7) gab Veranlassung, zu einem Antrag auf authentische — gesetzliche — Interpretation des Tit. I § 44 der X. Verfassungsbeilage; unter Berufung auf §§ 19 u. 20 Tit. VII erklärte der Abgeordnete Graf von Benzel-Sternau, daß die Stände das Recht hätten, ihre Wünsche und Anträge vorzubringen, ebenso wie jeder einzelne Abgeordnete eben das Recht besitze, seine Wünsche und Anträge der Kammer vorzutragen. Im Verlaufe der Debatte wurde von dem Abgeordneten Thinnes unterschieden zwischen Wünschen auf Abänderung oder Interpretation der Verfassungsurkunde, die dahin zielen, daß ein entsprechender Antrag vom König ausgeht einerseits und Initiative zu Verfassungsänderungen andererseits. Der Präsident der Kammer erklärte im Gegensatz hierzu, daß auf eine solche Distinktion nicht eingegangen werden könne, da sie vom Gesetz nicht gemacht sei. Auf den Einwurf von seiten eines Kammermitgliedes, daß auch andere Gesetze von dem König ausgehen und daß doch die Stände auf Abänderung antragen dürften, wurde dem Abgeordneten vom Präsidenten entgegengehalten, in bezug auf andere Gesetze läge kein verbietendes Gesetz vor, wohl aber in bezug auf Verfassungsgesetze. Hiebei stellte der Präsident zweifellos die Begriffe „Vorschläge zu Abänderungen in den Bestimmungen der Verfassungsurkunde" und „Wünsche und Anträge zu solchen" gleich, weshalb ihm seitens des Abgeordneten Thinnes mit dem Einwand begegnet wurde, wenn man ihm ein solches konstitutionelles Verbot auch gegen Wünsche der genannten Art nachweisen könne, dann habe er allerdings nichts mehr zu erinnern (Verh. 1828 Prot. Bd. III S. 18 u. 19). Der Präsident und der Prüfungsausschuß erklärten den Antrag von Benzel=Sternau für unzulässig und so ließ man zunächst den Streit auf sich beruhen. Bald danach wurde die Frage einer gesetzlichen Interpretation des § 44 der X. Verfassungsbeilage wieder aufgeworfen. Der Kammer der Abgeordneten lag ein Gesetzentwurf vor „betreffend die Bildung der Reichsratskammer“. Der Abgeordnete von Closen beantragte in seiner Rede zu dieser Materie dieses Gesetz nur mit der Modifikation anzunehmen, daß gleichzeitig eine gesetzliche Auslegung des Tit. I § 44 der X. Verfassungsbeilage erfolge (Verh. d. K. d. Abg. 1827/28, Prot. Bd. IV S. 40); dabei ging er von der Auffassung aus, daß zwischen dem Gesetzesvorschlag der Regierung und dem Gegenstand seines Antrags ein inniger Zusammenhang bestehe, bei beiden handle es sich um die Zusammensetzung der Kammer, die ein Ganzes bilde: die Ständeversammlung, und um den Einfluß der Krone auf dieses Ganze (Prot. Bd. IV S. 40, 58 ff. u. 214 ff.); die Initiative der Krone zur Abänderung der Verfassung in Ansehung der Bildung der Kammer der Reichsräte sei gegeben und es stehe nunmehr bei den Kammern, den ihnen hierüber vorliegenden Gesetzentwurf mit oder ohne gewisse Modifikationen zu beraten und anzunehmen. Dieser Anschauung trat die Kammer der Abgeordneten nicht bei; sie sah in der Hinzufügung der Modifikation — unter Verneinung eines bestehenden Zusammenhangs — die Abhängigmachung der Zustimmung zu dem Gesetzentwurf von einer Bedingung, was nach den bestehenden Grundsätzen als unzulässig zu betrachten sei, und gelangte daher zur Annahme des Gesetzentwurfes ohne die fragliche Motion des Freiherrn von Closen. (Verh. Bd. IV S. 223.) In der Debatte wurde einerseits die Auffassung betont, daß die Kammer auf verfassungsmäßigem Wege weder einen Antrag noch einen Wunsch oder Bitte auf Abänderung oder gesetzliche Auslegung der Verfassungsurkunde an die Krone gelangen lassen könne, sondern daß jede solche Initiative lediglich von dem Monarchen ausgehen müsse (Verh. Prot. Bd. IV S. 68/69), weil die Bitte um Gebung einer Initiative zu einem Gesetz soviel als die Initiative selbst sei. (Abg. von Künzberg a. a. O. S. 109.) Andererseits ergab sich auch eine große Anzahl von Stimmen derer, welche der Ueberzeugung Ausdruck verliehen, daß ein in der Kammer allgemein ausgesprochener Wunsch die Krone bewegen werde, aus freien Stücken die Initiative zu ergreifen, um eine gesetzliche Interpretation des strittigen § 44 Tit. I der X. Verfassungsbeilage herbeizuführen. Die Durchsicht der Debatte läßt erkennen, daß man damals vielfach einen schärferen Unterschied noch nicht machte zwischen einfachem Petitionsrecht, dem Recht Wünsche und Anträge auf Erlaß oder Aenderung von Gesetzen, und dem Recht der Gesetzesinitiative im engeren Sinn, d. h. im Recht, in Gesetzesform ge=

faßte Anträge an den König zu bringen, die um Gesetz zu werden, nur noch der königlichen Sanktion und Publikation bedürfen. Dagegen fand das Recht der Kammern Wünsche und Anträge in bezug auf Gesetzentwürfe, welche sich nicht auf Verfassungsbestimmungen bezogen, an die Regierung zu bringen, stets starke Betonung von seiten der Kammer der Abgeordneten. In dieser Beziehung hat auch die Auffassung der Regierung eine Wandlung durchgemacht, die von weittragender Bedeutung für ihre Stellung zu der ganzen Materie ist. Während die Regierung im Landtagsabschied von 1819, wie oben dargelegt, mit aller Schärfe den Standpunkt vertreten hatte, daß in der Inanspruchnahme des Rechts der Initiative in der Gesetzgebung eine unberechtigte Erweiterung des Wirkungskreises der Stände zu erblicken sei, wurde durch eine Erklärung des k. Kommissärs Ministerialrat Abel dieser Standpunkt aufgegeben. Ministerialrat Abel führte in der Sitzung der Kammer der Abgeordneten vom 12. Februar 1828 wörtlich aus: „Die Verfassungsurkunde unterscheidet in den Titeln VII § 2, 19 und 20, dann in Titel X § 7 wesentlich zwischen der allgemeinen Gesetzgebung und jener über die Fundamentaleinrichtung des Staates; während sie im Bereich der allgemeinen Gesetzgebung durch das Mittel gemeinsamer Wünsche und Anträge den Ständen des Reichs die Befugnis zur Ergreifung der Initiative einräumt, hat sie in Beziehung auf die Verfassungsurkunde denselben diese Befugnis unbedingt unter jeder Form und ohne irgendeine Ausnahme versagt." (Vergl. Verh. 1827/28 Prot. Bd. IV S. 72.) Damit ist von seiten der Regierung einmal der Unterschied zwischen gewöhnlichen Gesetzen und Verfassungsgesetzen festgelegt und weiter ausdrücklich das Recht der Stände auf Initiative zu einfachen Gesetzen anerkannt. Es verlohnt sich noch den weiteren Verlauf der Debatte gerade über diesen prinzipiellen Punkt zu verfolgen. Der Abgeordnete Rudhart betonte zunächst, daß er das Recht der Stände zu Gesetzentwürfen Modifikationen vorzuschlagen für unzweifelhaft halte, auch wenn sie eine Erläuterung oder Abänderung der Verfassungsurkunde bezielen (Verh. Prot. Bd. IV S. 247); er besprach den Unterschied zwischen Wünschen und Anträgen in bezug auf Gesetzentwürfe, die sich auf die Verfassungsurkunde beziehen, und solchen, welche mit dieser in keinem rechtlichen Zusammenhang stehen, und konstatierte zum Schluß „durch die Erklärung des Regierungskommissärs überrascht worden zu sein, daß der Ständeversammlung in Ansehung der Gesetzgebung, so weit sie keinen Zusatz zur Verfassungsurkunde und keine Abänderung derselben bezielt, das Recht der Initiative zustehe. Dieses Recht sei in dem Reichsabschied vom Jahre 1819 bekanntlich bestritten worden; da aber vermutet werden müsse, daß kein Kommissär etwas ausspreche, als wozu er ermächtigt sei, so werde man dieses Zugeständnis annehmen, bis ein anderer königlicher Kommissär nachkomme, welcher es etwa wegen Mangels der Ermächtigung wieder zurücknehme“. Zu dieser ausdrücklichen Feststellung, er habe der Kammer das Recht eingeräumt, in Gegenständen der Gesetzgebung die Initiative zu ergreifen, dieses stehe aber mit dem Landtagsabschied von 1819 im Widerspruch, ergriff der Ministerialkommissär Abel am Schluß dieser Sitzung noch einmal das Wort, um wörtlich zu wiederholen (Prot. Bd. IV S. 165): im Bereiche der allgemeinen Gesetzgebung ist den Kammern durch das Mittel gemeinsamer Wünsche und Anträge die Befugnis zur Ergreifung der Initiative eingeräumt, nicht aber bei „Verfassungsgegenständen,“ ein Satz, von dem er kurzweg behauptete, er sei weder von der Staatsregierung, noch hier in der Kammer, noch in einem Ständeabschied jemals bezweifelt oder beanstandet worden; dies letztere steht jedoch mit dem Inhalt des von Rudhart mit Recht erwähnten Landtagsabschieds von 1819 im schärfsten Widerspruch; trotzdem sah sich Ministerialrat Abel zu der Versicherung veranlaßt, den königlichen Regierungskommissären seien die Landtagsabschiede sehr gut bekannt und sie bedürften von keiner Seite einer Belehrung darüber.

4. Wir haben in Kürze unter Nr. 2 dieses Paragraphen dargestellt, welch große Mängel die von dem Landtag im Jahre 1825 angenommene Geschäftsordnung der Kammer der Abgeordneten hatte und rechneten hiezu besonders auch § 81 Abs. II bezüglich des Petitionsrechtes derselben. Schon im Jahre 1831 wurde ein neues Gesetz, den Geschäftsgang der beiden Kammern der Ständeversammlung betreffend, erlassen (publiziert im Gesetzblatt für das Königreich Bayern vom Jahre 1831 Nr. 3 vom 5. September 1831 S. 25 ff.). In diesem Gesetz finden wir keine mit dem zitierten § 81 Abs. II der früheren Geschäftsordnung vergleichbare Bestimmung; ebenso geht aus § 16 dieses Gesetzes der von den die Gesetzgebung betreffenden Beratungsgegenständen, welche nicht von der Staatsregierung herrühren, spricht, hervor, daß man sich auf Seiten der Regierung endgültig zu der Auffassung bekehrt hat, daß es auch Gesetzentwürfe geben kann, die auf der Initiative des Landtages beruhen und zum Gegenstand der Beratung der Kammern gemacht werden können (vgl. auch § 42 Abs. 2 des Entwurfs zu diesem Gesetz, abgedruckt in Verh. d. K. d. Abg., Prot. Bd. II S. 39, 6. Sitzung vom 21. März 1831). Daß auch die Kammer der Abgeordneten an ihrem seit dem Jahre 1827 stets vertretenen Standpunkt, daß ihr das Recht auf Vorlage allgemeiner Gesetzentwürfe anzutragen zustehe, festhielt, geht aus dem Vortrage des Abgeordneten von Mussinan, die Einführung einer ständigen Gesetzgebungskommission betreffend, hervor (vgl. Verh. d. K. d. Abg. 1831, Prot. Bd. II S. 5 u. 6).

Noch weiter ging — man möchte fast glauben unbewußt — die Kammer der Reichsräte durch einen genau formulierten Antrag auf gesetzliche Erläuterung des § 9 der Pensions- (Staatsdiener-) Pragmatik vom 1. Januar 1805 — also eines Verfassungsgesetzes

(Verh. d. K. d. Reichsräte vom Jahre 1831, Prot. Bd. 9 S. 207). Dieser Antrag wurde beschlußmäßig mit einer Erweiterung durch die Kammer verbeschieden (a. a. O. S. 221). Die Kammer der Abgeordneten nahm zu diesem Antrag ebenfalls Stellung, erteilte demselben ihre Zustimmung, wobei der Abgeordnete Rudhart nicht verfehlte, festzustellen, daß die Kammer der Reichsräte den König bitte, die Initiative zu ergreifen zur Erlassung eines Gesetzes, welches mit einer Beilage zur Verfassungsurkunde in Verbindung steht, wodurch sie von einem von ihr bisher behaupteten Grundsatz abweiche (Verh. d. K. d. Abg. von 1831 Bd. 26, Sitzung vom 21. Dezember 1831, Prot. S. 148). Ohne zu der Frage der rechtlichen Zulässigkeit dieses artikulierten Antrags auf gesetzliche Interpretation Stellung zu nehmen, wurde im Landtagsabschied vom 29. Dezember 1831 III Nr. 78 (Gesetzblatt für das Königreich Bayern vom 4. Januar 1832 — Gesetzblatt von 1831 S. 122) dem Antrag der Stände stattgegeben und Art. 24 § 9 der Pensionspragmatik vom 1. Januar 1805 mit Gesetzeskraft erläutert. Dies ist — wie Max von Seydel hiezu bemerkt — um so auffallender, als am Schlusse des Landtagsabschieds (a. a. O. S. 124) gerügt wird, „daß die vielfache Einmischung in Gegenstände des Organismus und der Verwaltung nach § 19 und 20 Tit. VII der Verfassungsurkunde zum Wirkungskreis der Stände sich nicht eignet".

Trotz dieser Zurückweisung angeblicher ständischer Einmischung nimmt der Landtagsabschied von 1831 (Gesetzblatt von 1831 S. 58ff. bes. S. 86ff.) zu einer Reihe von genau formulierten Anträgen in dieser Richtung Stellung; hier interessiert vor allem der Antrag des Abgeordneten von Mussinan, die Rechtspflege in den sieben Kreisen diesseits des Rheins betreffend (Verh. d. K. d. Abg. 1831 Bd. 16 S. 44ff.; ferner Beilage Bd. V 30. Beilage S. 24, Referat des Abgeordneten von Korb über den Antrag Mussinan). Es handelte sich hier um Vorschläge über Beschränkung der Berufung in Zivilsachen und bei Verbalinjurien und über die Festsetzung einer Streitsumme — mit der Revisionssumme unseres modernen Zivilprozesses vergleichbar — denen der Landtagsabschied unter III Ziff. 8 mit Gesetzeskraft die königliche Genehmigung erteilte. Weiter finden wir in dem Landtagsabschied eine ganze Anzahl von Bemerkungen zu Anträgen, die sich auf das Gebiet der inneren Verwaltung beziehen und teils in bejahendem, teils in verneinendem Sinn verbeschieden werden: so z. B. Anträge betreffend die Revision der im Rheinkreise bestehenden Gebührenregulative der Advokaten, Notare und Gerichtsboten, betreffend die Qualifikation der Staatsdienstadspiranten, betreffend die Landeskulturen, die sukzessive Veräußerung einzelner nicht rentierender Hüttenwerke usw.; alle diese Anträge fanden im Landtagsabschied eine sachliche Würdigung, ohne daß die Frage der Zulässigkeit irgendwie in Zweifel gezogen wurde. Auch dem Gesamtbeschluß der Stände vom 20. Dezember 1831 hinsichtlich des Schulwesens wurde in III Nr. 21 des Landtagsabschieds besondere Aufmerksamkeit und Prüfung zugesichert (a. a. O. S. 93), obgleich er eine Reihe organisatorischer Vorschläge enthält, die in das Gebiet der inneren Staatsverwaltung einschlagen und demnach nach strenger Auslegung des Tit. VII § 19 mit §§ 1, 2—18 nicht zum Wirkungskreise der Stände gehören würde. Anläßlich dieses Antrags wurde die prinzipielle Frage des Petitionsrechts in der Kammer der Reichsräte besprochen. Die Kompetenzfrage wurde von dem Referenten des Ausschusses verneint mit der Begründung (vgl. Verh. d. K. d. Reichsräte von 1831 Bd. 11 S. 362), daß die auf das Schulwesen sich beziehenden Anträge Gegenstände beträfen, die man als zum Wirkungskreis der Stände gehörig und mithin als zu Anträgen derselben geeignet nur dann betrachten könne, wenn man entweder den Wirkungskreis viel weiter annähme, als er in der Verfassungsurkunde gegeben ist, oder zugestände, daß er sich auf alles ausdehne, was mit einem Bestandteil derselben, namentlich mit dem Steuerbewilligungsrecht in irgend einer Verbindung stehe; jenes aber sei verfassungswidrig (Tit. VII § 1), dieses kehre alle Begriffe gänzlich um. Diese Auffassung wurde vom Ausschuß nicht geteilt; es wurde geltend gemacht, so strenge man die parlamentarische Wirksamkeit dort interpretiere, wo der § 7 des Tit. X der Verfassungsurkunde ihr positive Schranken setze, so wenig könne man sich zu einer Limitierung des ständischen Wirkungskreises diesseits der gesetzlich ausgesprochenen Grenzlinie und insbesonders dazu verstehen, die Kammer bei nicht konstitutionellen Fragen von dem allgemeinen Petitionsrechte aller Bayern auszuschließen (a. a. O. S. 372). Die Kammer schloß sich der Mehrheit der Auffassungen des Ausschusses an und bejahte die Kompetenzfrage (a. a. O. S. 387).

5. Die Durchsicht des Landtagsabschiedes vom 17. November 1837 (vgl. Gesetzblatt von 1837 S. 5ff., hier S. 35, 36 unter III F Nr. X u. XI) führt zu zwei Entscheidungen der Staatsregierung, in denen in ablehnender Form zu Anträgen der Stände Stellung genommen wird. Der erste Antrag war gerichtet auf die Verlängerung der Werktags- und Verkürzung der Feiertagsschulpflichtigkeit, von dem gesagt wird, er eigne sich nicht unter den § 19 Tit. VII der Verfassungsurkunde, vielmehr werde in vorgemerkter Sache nach königlichem Ermessen verfügt; ebenso nimmt der Landtagsabschied Veranlassung, insoweit ein die Verkleinerung und die Reform der Landgerichte betreffender Antrag die Organisation und den Geschäftsgang der Landgerichte, sowie die Bildung der Landgerichtsbezirke zum Gegenstand hat, die Stände auf die Bestimmungen der Verfassungsurkunde Tit. VII § 19 und auf die zehnte Verfassungsbeilage Tit. II § 36 hinzuweisen. Im übrigen bringen die Verhandlungen der Ständeversammlung im Jahre 1837 nichts von Belang für die erörterte Streitfrage.

Es sei nur beiläufig auf einen Antrag Welsch „auf authentische Erläuterung der Nr. I der kurfürstlichen Verordnung vom 15. November 1802, ‚die Freiheit des Handels mit im Inland veredelt werdenden Gegenständen betreffend' verwiesen (Verh. d. K. d. Abg. von 1837 Bd. XI S. 23); unter Bejahung der Frage der Zulässigkeit des Antrags, ‚in dem es sich um eine authentische Auslegung eines bestehenden Gesetzes frägt, welche in den Wirkungskreis der Stände gehört', wurde der Antrag an den geeigneten Ausschuß verwiesen (a. a. O. S. 80).

6. Die Verhandlungen des Landtags in den Jahren 1842/43 brachten wieder eine Reihe von Aussprachen über die Streitfrage. Durch einen Gesamtbeschluß der beiden Kammern der Ständeversammlung vom 5. August 1843 über den Antrag: „Den Wahlzensus der Landeigentümer ohne Gerichtsbarkeit" betreffend, wurde der Krone die Bitte unterbreitet: Es wolle gesetzlich ausgesprochen werden, daß in allen Verhältnissen, welche durch die Bestimmungen der Verfassungsurkunde und spätere Gesetze auf Grundsteuersimpla basiert sind, die durch das Grundsteuergesetz vom 15. August 1828 gesetzlich festgestellten Grundsteuersimpla in Anwendung zu kommen haben (Verh. d. 2. K. d. bayer. Ständeversammlung vom Jahre 1842/43 Bd. XIII S. 176). Der Ministerialkommissär Frhr. v. Schrenk machte in formeller Beziehung geltend (a. a. O. S. 168/69) eine gesetzliche Bestimmung, welche das Simplum des Definitivums nach dem Gesetze vom Jahre 1828 für die Zukunft zur Grundlage des Wahlzensus erheben würde, sei eine Abänderung dessen, was die Verfassungsurkunde über den Wahlzensus der Landeigentümer ohne Gerichtsbarkeit enthalte; nach § 7 Tit. X der Verfassungsurkunde könnten jedoch neue grundgesetzliche Bestimmungen nicht anders zur Gesetzeskraft erwachsen, als wenn sie von der Regierung an die Stände des Reichs gebracht würden; ein unter Außerachtlassung dieser verfassungsmäßigen Bestimmung entstandenes Gesetz könne daher nie eine verfassungsmäßige Wirkung erreichen (vgl. auch die Verh. d. K. d. Reichsräte vom Jahre 1843 Bd. II S. 313, aus denen hervorgeht, daß auch nach der Auffassung dieser Kammer der Antrag keine Initiative bezüglich der Verfassungsbestimmungen enthalte, sondern nur darauf gerichtet sei, bei geänderten Steuerverhältnissen durch feste Bestimmung einen verfassungsmäßigen Satz unerschüttert zu erhalten).

Der Regierungsstandpunkt kommt im Landtagsabschied vom 25. August 1843 (Gesetzblatt für das Königreich Bayern vom 7. September 1843 S. 76) unter IV § 41 zum Ausdruck, wo erklärt wird, der König trage aus mehreren Gründen und namentlich in Rücksicht auf Tit. X § 7 der Verfassungsurkunde Bedenken, dem in dem Gesamtbeschluß vom 5. August enthaltenen obigen Antrag die königliche Genehmigung zu erteilen. Eine nähere Begründung der Bedenken ist dem Entscheid nicht beigegeben, so daß man nicht ersehen kann, ob diese sich mehr auf Abs. II bezüglich des Vorschlags als solchen oder auf Abs. III bezüglich der Form des gefaßten Beschlusses beziehen.

Der weitere Verlauf der Verhandlungen des Jahres 1843 interessiert in zweifacher Hinsicht, insoferne, als wir sowohl von der Kammer der Reichsräte, als in der Kammer der Abgeordneten beachtenswerte Aeußerungen anscheinend maßgebender Mitglieder erfahren, wobei die in den bisherigen Debatten noch vielfach verschwommenen Auffassungen über allgemeines Petitionsrecht und Initiative zu gewöhnlichen und zu konstitutionellen Gesetzen festere Gestaltung gewannen. In der Kammer der Reichsräte gab ein von der zweiten Kammer gegen die Stimmen der zwei Präsidenten angenommene Antrag auf authentische Interpretation des § 44 lit. c der zehnten Verfassungsbeilage Anlaß zu einer eingehenden Erörterung der Frage der Zulässigkeit eines solchen Antrages. Es besteht keine Veranlassung, auf den materiellen Inhalt des Antrags und dessen Berechtigung einzugehen, wir können uns auf die formelle Frage der Zulässigkeit beschränken. Hier stehen sich zwei Ansichten gegenüber (vgl. Verh. d. K. d. Reichsräte vom Jahre 1842/43 Bd. II S. 159 § IV ff.); von einer Seite (vgl. a. a.O. § IVa, bes. S. 170 ff., die Namen der einzelnen an der Debatte sich beteiligenden Reichsräte sind in auffallender Weise in den Verhandlungsprotokollen der ersten Dezennien des Bestehens der Volksvertretung nicht genannt) wurde eine möglichst restriktive Auslegung der einschlägigen Verfassungsbestimmungen über das Petitionsrecht der Kammer befürwortet. Aus der Tatsache, daß jeder einzelne so viel petitionieren möge und dürfe, als er wolle, dürfe noch nicht der Schluß gezogen werden, daß es auch den Kammern zukomme; deren Petitionsrecht sei auf ihren Wirkungskreis beschränkt, dieser sei in Tit. VII § 2 ff. genau beschrieben von Wünschen, wegen authentischer Interpretation der Verfassungsurkunde sei hier keine Rede, ein Recht, das nicht ausdrücklich in der Verfassung den Ständen eingeräumt sei, könne auch von diesen nicht in Anspruch genommen werden. Im weiteren Verlauf der Begründung dieses seines gegnerischen Standpunktes betonte der Reichsrat, es bestehe nach der Verfassung zwischen Wunsch, Antrag und Vorschlag gar kein Unterschied, wie dies zumal aus dem zehnten Edikt Tit. II § 53 Nr. 2 hervorgehe, so daß schon aus diesem Grunde der Antrag nicht angenommen werden dürfe. Dieser Argumentation wurde von einem zweiten Reichsrat (vgl. a. a. O. IVB S. 174 ff. und § IVG S. 190 ff.) entgegengetreten mit folgenden Ausführungen: Das allgemein anerkannte und auf alle den ständischen Wirkungskreis berührenden Gegenstände ausgedehnte Petitionsrecht der Kammern sei kraft § 2 Tit. VII ausdrücklich zu erstrecken auf die Zustimmung zur authentischen Erläuterung allgemeiner, die Freiheit und das Eigentum betreffender Gesetze und erscheine auf legislatorischem Gebiet überhaupt nur beschränkt auf Vorschläge zu Verfassungsänderungen und Verfassungszusätze, deren Beratung durch königliche Initiative bedingt sei; da aber der § 7 Abs. II des zehnten Titels offenbar eine Ausnahme zu den §§ 2 und 19 des VII. Verfassungstitels bilde, Ausnahmen aber striktester Auslegung unterlägen, so sei klar, daß erstere Verfassungsstelle nicht auf authentische Interpretation ausgedehnt werden könne, welche die §§ 2 und 19 des Tit. VII unbedingt einräumen und derer der § 7 Abs. II Tit. X keinerlei Erwähnung tue. Die Abstimmungen der Kammer der Reichsräte (siehe Sitzung vom 6. Mai 1843 a. a. O. S. 200 unter IVJ) ergab Ablehnung des gestellten Antrags; eine Begründung dieses durch Stichentscheid des ersten Präsidenten gefaßten Beschlusses ist aus dem Sitzungsprotokoll nicht ersichtlich, so daß nicht festgestellt werden kann, ob der Gesichtspunkt der „Kompetenz" oder der der „Opportunität" den Ausschlag gegeben hatte. Eine gewisse Klarheit über die Frage, welche Auffassung die Kammer der Reichsräte von dem Recht habe, Wünsche auf gesetzliche Interpretation der Verfassungsurkunde von den Kammern an den König zu bringen, und über die Gründe des Beschlusses vom 6. Mai 1843 bringt die Stellungnahme dieser Kammer zu zwei von den Reichsräten Grafen zu Castell und Grafen Arco gestellten Anträgen wegen gesetzlicher Interpretation des § 11 des sechsten Edikts der Verfassungsurkunde über die gutsherrlichen Rechte. Die Anträge selbst enthalten keine Erklärung über die formelle Zulässigkeit (Verh. d. K. d. Reichsräte Beilage Bd. IV S. 66 ff. und S. 81 ff.); dagegen ersieht man aus dem Vortrag für die Sitzung des 6. Ausschusses über jene Anträge (abgedruckt a. a. O. S. 88 ff.), daß man zwar gerade im Hinblick auf den obigen ablehnenden Beschluß vom 6. Mai 1843 bezüglich des Wunsches auf gesetzliche Interpretation des § 44 des zehnten Edikts Bedenken äußerte, daß man diese jedoch zerstreute, ausgehend von der Erwägung, daß jener Beschluß nach der Beratung durch die meisten Stimmen keineswegs im allgemeinen wegen formeller Unzulässigkeit eines solchen Antrags eine ablehnende Verbescheidung erfahren hatte, sondern sachliche und Zweckmäßigkeitsgründe ausschlaggebend waren; hiemit decken sich auch die in der vorhergehenden Sitzung vom 16. Mai 1843 abgegebenen Erklärungen mehrerer Reichsräte (Verh. d. K. d. Reichsräte 1843 Bd. II S. 216), daß sie lediglich in concreto dem Beschluß der Kammer der Abgeordneten auf authentische Interpretation des Tit. X § 44 lit. c nicht beigestimmt hätten, daß sie aber ausdrücklich das ständische Recht Interpretation dunkler Verfassungsbestimmungen zu erbitten, niemals beanstanden würden. Diese Auffassung kam denn auch während der Debatte über die Anträge Castell und Arco zum Ausdruck (Verh. d. K. d. Reichsräte Bd. II S. 328 ff.) und fand in dem einstimmig angenommenen Beschluß, den König ehrfurchtsvoll anzugehen, den Ständen einen Gesetzentwurf vorlegen zu lassen zur Feststellung der Verhältnisse, die durch die beiden Anträge berührt worden sind, ihre Bestätigung.

(Der Beschluß ist abgedruckt a. a. O. unter § III F S. 337.) Der Antrag kam in der Kammer der Abgeordneten nicht zur formellen Erledigung, weshalb wir auch im Landtagsabschied vom 25. August 1843 keine Stellungnahme der Regierung zu dem Antrag finden. Jedoch liegt ein eingehendes Referat des Abgeordneten Dr. Albrecht vor, das in Verh. d. K. d. Abg. von 1843 Beilage Bd. X S. 509 ff. zum Abdruck gelangt ist; Abgeordneter Dr. Albrecht behandelt unter II seines Referats eingehend die Frage, ob die Stände jene Anträge sich anzueignen rechtlich befugt seien oder nicht und kommt zur Verneinung der Frage der Zulässigkeit ausgehend von dem Gedanken, daß durch § 7 Tit. X der Verfassungsurkunde ausdrücklich bestimmt sei: daß Vorschläge zu Abänderungen in den Bestimmungen der Verfassungsurkunde oder deren Zusätzen allein vom König ausgehen, und nur wenn derselbe sie an die Stände gebracht hat, diese darüber beratschlagen dürfen, und daß auch eine authentische Interpretation, wenn auch nicht stets, so doch möglicherweise zu einer Abänderung der Verfassungsurkunde führen könnte, auf die anzutragen den Ständen nicht zukäme. Wenn man auch im vorliegenden Falle keinen bestimmten Vorschlag der gesetzlichen Interpretation an die Regierung bringe, sondern diese nur auffordere, einen solchen Vorschlag den Ständen vorzulegen und damit selbst die Initiative zu ergreifen, so müßte dieser in die Form einer einfachen Bitte gekleidete Antrag ebenfalls als unzulässig erscheinen; denn um sich über das Bedürfnis einer gesetzlichen Interpretation und einer damit möglicherweise verbundenen Abänderung der Verfassungsurkunde schlüssig zu werden, müsse eine Beratung hierüber durch die Stände stattfinden und auch diese sei durch § 7 Abs. 2 Tit. X vor erfolgtem Gesetzentwurf überhaupt und schlechtweg untersagt. Gleichwohl erklärte Abgeordneter Dr. Albrecht, es läge ihm fern, die ständische Kompetenz weiter zu urgieren, nachdem die Kammer in ihrer Mehrheit ihre Ueberzeugung dahin festgestellt habe, daß § 7 Tit. X bloß von direkten Abänderungen und Zusätzen, nicht aber von authentischen Erläuterungen spreche, und schon tatsächlich derartige Anträge wenigstens wunschweise an die Krone zu bringen, beschlossen worden sei (vgl. a. a. O. S. 515/516).

In der Kammer der Abgeordneten gaben Klagen über die zu lange Dauer des Landtags und ein auf Abhilfe in dieser Richtung gestellter Antrag des Abgeordneten Freiherrn von Welden zu einer erneuten Besprechung des Streitpunktes Anlaß. Dieser Antrag ging dahin „es möge der Regierung gefallen, die Initiative zur Abänderung der Bestimmungen des X. konstitutionellen Edikts über die Bildung der Ausschüsse der Kammer der Abgeordneten zu ergreifen (vgl. Verh. d. K. d. Abg. 1843, Bd. X S. 75); diese in die Form eines Antrags an die Regierung gekleidete Anregung wurde im Laufe der Debatte in einen Wunsch verwandelt, da man der Auffassung war, daß in die Form von Vorschlägen zu Verfassungsänderungen gefaßte Anträge gegen die Bestimmungen des § 7 Tit. X verstoßen, daß dagegen der allgemeine Ausdruck des Wunsches, daß die Krone die ihr zuständige Initiative ergreife, nicht die Grenze der ständischen Befugnis überschreite (Abgeordneter Dr. Harleß). Es wurde von anderer Seite auf den Unterschied hingewiesen, daß es etwas anderes ist, zu wünschen, daß irgendwie in den Bestimmungen der Verfassung eine Abänderung erfolge, und etwas anderes, einen Vorschlag zu machen, wie diese Veränderung stattfinden soll, z. B. artikulierte Sätze der Regierung vorzulegen und zu sagen, diese oder jene Verfassungsbestimmung solle in dieser oder jener Form gegeben werden; artikulierte Vorschläge zu machen, das sei verboten, nicht aber die Aeußerung von Wünschen auf Abänderung von Bestimmungen der Verfassung, die sich als unpraktisch und unpassend im Laufe der Zeit herausgestellt haben (Abgeordneter Dr. Schwindl). Demgegenüber wurde mit besonderer Schärfe durch den Staatsminister des Innern von Abel der Standpunkt der Regierung dahin ausgesprochen, „daß sie immer und jederzeit solche Wünsche und Anträge als mit den Bestimmungen des § 7 Tit. X der Verfassung nicht vereinbar entgegentreten werde und daß daher ein auf solche Weise an sie gebrachter Antrag oder Wunsch in Beziehung auf Verfassungsänderung jener näheren Würdigung und möglichsten Berücksichtigung sich nicht zu erfreuen haben könnte, welche die Regierung jederzeit bereitwilligst allen aus der Mitte der Kammer hervorgehenden Wünschen und Anträgen stets zuwenden möchte“ (a. a. O. S. 88).

Eine Bestätigung dieser Auffassung finden wir im Landtagsabschied vom 25. August 1843 (Gesetzblatt vom 6. September 1843 S. 77) unter V § 1 Abs. 2, wo zu einen Antrag auf authentische Interpretation der §§ 47—49 der zweiten Verfassungsbeilage erklärt wird, man nähme Anstand auf diesen Wunsch einzugehen, da die Krone sich die Initiative in grundgesetzlicher Form nach ihrem Ermessen vorbehalten habe. — Bei dieser strikten Ablehnung eines Rechts der Stände, Wünsche auf gesetzliche Interpretation der Verfassungsurkunde an die Krone zu richten, muß es auffallen, daß um dieselbe Zeit anläßlich eines Antrags des Abgeordneten Neuland (abgedruckt in Verh. d. II. Kammer der Ständeversammlung 1843 Beilage Bd. VIII S. 208 Beilage 76) dahin lautend, die Kammer wolle beschließen, auf verfassungsmäßigem Wege den Wunsch einer authentischen Interpretation des § 48 des Religionsedikts (II. Verfassungsbeilage) an S. M. zu bringen, seitens der Regierung gegen diesen Antrag keinerlei Widerspruch erhoben wurde. Der k. Kommissär Ministerialrat v. Zenetti ging in keiner Weise auf die Zulässigkeit des Antrags ein (Verh. d. K. d. Abg. 1843 Bd. VIII S. 388). Diese wurde jedoch von den an der Debatte sich beteiligenden Abgeordneten teils eingehend besprochen, teils gestreift; es ist daraus so viel festzustellen, daß die Kammer an ihrem Petitionsrechte in dem erörterten Sinne festhielt. Unter Bezugnahme auf den schon oben näher gewürdigten Antrag auf authentische Interpretation der lit. c § 44 des X. Edikts als eines Präzedensfalles, wurde auf die bisherige Uebung in der Kammer hingewiesen und diese treffend durch den Abgeordneten Dr. Schwindl, dessen Auffassung wir schon oben kurz dargelegt haben, in folgender Form präzisiert (vgl. a. a. O. S. 360): Die Stände sind zwar nicht berechtigt, Vorschläge zu Verfassungsänderungen zu machen; allein Wünsche, unartikulierte Anträge wird ihnen niemand verwehren. „Wie überhaupt das ganze Gebiet der Gesetzgebung in das Bereich der ständischen Kompetenz fällt, so fällt auch die ganze Verfassung als solche als Staatsgrundgesetz in deren Bereich, nur mit dem Unterschied, daß man die gewöhnlichen Gesetze artikuliert vorlegen kann."

Aus dem Landtagsabschied vom 25. August 1843 (Gesetzblatt vom 6. September 1843 S. 34 ff., hier S. 38) sei hier noch auf § 10 Abs. III des I. Abschnittes verwiesen, wo zu einem Antrag die Berufung mehrerer der pfälzischen Gesetzgebung und Gerichtsverfassung praktisch kundiger Mitglieder an den Kassationshof, sowie die Ständigkeit derselben betreffend, erklärt wird, diesem stehe die Bestimmung des Tit. VII § 18 der Verfassungsurkunde entgegen; auf den übrigen hier einschlägigen Inhalt des Landtagsabschiedes von 1843 wurde schon bei den einzelnen Verhandlungen des Landtags von 1843 eingegangen.

7. Der unter Nr. 6 am Ende in Kürze besprochene Antrag des Abgeordneten Neuland war während des Landtags von 1843 nicht mehr in der Kammer der Reichsräte beraten worden, so daß ein Gesamtbeschluß der beiden Kammern hierüber nicht zustande kam. Der Antrag wurde daher dem Landtag von 1845/46 erneut in Vorlage gebracht und zwar in gleicher Form und Fassung, wie im Jahre 1843 (siehe Prot. der Verh. d. K. d. Abg. von 1845/46 Bd. III S. 346 ff.). Eine eingehende Beratung, bei der jedoch die Frage der formellen Zulässigkeit nur gestreift wurde (a. a. O. S. 414 ff.), führte zur Annahme des Antrages in der Abgeordnetenkammer (a. a. O. S. 508). Auch die Kammer der Reichsräte erteilte einstimmig dem Antrag ihre Zustimmung (Verh. d. K. d. Reichsräte 1845/46 Bd. 5 S. 243); dabei wurde in der Diskussion hervorgehoben, daß früher bezüglich der Auslegung des § 7 Tit. X hinsichtlich der Bitte um Initiative zu gesetzlicher Interpretation der Verfassungsurkunde zwischen den beiden Kammern eine verschiedene Auffassung bestanden habe (a. a. O. S. 224), indem die Kammer der Abgeordneten jene Bitten durch diesen Paragraph der Verfassungsurkunde nicht für ausgeschlossen hielt, während die Kammer der Reichsräte annahm, jede Bitte um Inititive setze das Beraten über den zu initierenden Gegenstand voraus und

nachdem das Beraten hier nicht gestattet sei, erscheine auch das Bitten verboten. Von letzterer Ansicht ist die Kammer der Reichsräte abgekommen; denn nunmehr ist man sich darüber einig, daß man zwar um Initiative bitten, aber keine Initiative ergreifen, also nicht eine solche formulieren dürfe. Entgegen der bisher teilweise vertretenen Ansicht, jede authentische Interpretation enthalte notwendig entweder eine Abänderung oder einen Zusatz zu der Verfassungsurkunde und sei deshalb durch § 7 Tit. X verboten, wurde von dem zweiten Präsidenten der Kammer der Reichsräte geltend gemacht, es sei durchaus irrig, daß in jeder Interpretation einer zweifelhaften Auslegung eine Abänderung oder ein Zusatz liegen müsse; denn die Interpretation setze nur klar und bestimmt fest, was bis zu ihrem Erscheinen zu entgegengesetzten Ansichten und zu verschiedenen Auslegungen Anlaß gegeben habe.

Im Landtagsabschied vom 22. Mai 1846 (Gesetzblatt vom 30. Mai 1846 S. 29) wurde zwar unter III C § 35 diesem Gesamtschluß nicht stattgegeben, nicht aber etwa weil die Regierung denselben für unzulässig erachtete und in ihm eine Ueberschreitung der durch die § 19 Tit. VII und § 7 Tit. X gezogenen Grenzen sah, sondern weil „zu einer authentischen Interpretation des § 48 der zweiten Verfassungsbeilage eine genügende Veranlassung nicht gegeben sei".

Zu einer Anzahl anderer Anträge der Stände, die unter Abschnitt III „Wünsche und Anträge" besprochen wurden, in Sonderheit solcher, welche sich mit Gegenständen der Heeresverwaltung (§ 24) und der Gehalts- und Pensionsverhältnisse der Offiziere und Militärbeamten und gering besoldeter Zivilstaatsdiener und deren Hinterbliebenen befassen (§ 15), wurde erklärt, „daß diese Anträge die Beachtung des § 19 Tit. VII der Verfassungsurkunde vermissen ließen". Im Gegensatz hiezu wurde unter III § 36 des Landtagsabschiedes ein Antrag „die Ergänzung der Zahl der Abgeordneten aus der Pfalz betreffend" und im § 40 ein solcher auf Vorlage eines Gesetzentwurfes über authentische Interpretation des § 12 Abs. II Tit. VI der Verfassungsurkunde rücksichtlich seiner Anwendung in der Pfalz sachliche Würdigung zugesichert, ohne daß die Zuständigkeitsfrage überhaupt berührt wurde.

Aus dem Landtagsabschied vom 4. Juni 1848 wird mit Recht von Seydel in seinem Staatsrecht I S. 381 auf Abschnitt I § 9 Ziff. I hingewiesen (vgl. Gesetzblatt von 1848 S. 46), wo einem von der Kammer der Abgeordneten eingebrachten Antrag, daß dem nächsten Landtag ein Gesetzentwurf über zeitgemäße Erweiterung der Kammer der Reichsräte vorgelegt werde, „sorgfältige Würdigung und geeignete Berücksichtigung" zugesichert wird. Hiebei ist zu beachten, daß der Antrag gerichtet ist auf Abänderung der in Tit. VI der Verfassungsurkunde enthaltenen, auf die Kammer der Reichsräte bezüglichen Bestimmungen, und daß eine Initiative in dieser Richtung nach Art. IV des neuen, allerdings noch nicht in Kraft getretenen Initiativgesetzes deshalb nur der Kammer der Reichsräte zukam; besonders auffallen mußte es, daß der Antrag derartig verbeschieden wurde, obwohl der Kammer der Abgeordneten, die zu ihm die Anregung gegeben hatte, keineswegs das Recht der Initiative zustand (vgl. Verh. d. K. d. Abg. von 1848 Bd. V S. 156). Die Kammer der Reichsräte wählte statt des Wortes „Umbildung" das Wort „Erweiterung" und nahm in dieser Fassung den Antrag der Kammer der Abgeordneten an (vgl. Verh. d. K. d. Reichsräte von 1848, Prot. Bd. V S. 63), ohne in irgend einer Form die Zulässigkeit des als Petition gestellten Antrags ernstlich zu bestreiten. Dem Antrag wurde nicht nur nicht unter Hinweis auf die mangelnde Zuständigkeit der Stände die Beachtung versagt, sondern sogar unter Außerachtlassung der bisher von Seite der Regierung vertretenen Auffassung sachliche Würdigung zugesichert. „Die zweite Kammer hatte also unbeanstandet einen Wunsch auf dem Gebiete der Verfassungsgesetzgebung zur Geltung gebracht, ein Gebiet, das auch nach dem neuen Rechte ihrer Gesetzesinitiative entzogen sein sollte" (Seydel, Staatsrecht Bd. I S. 381).

§ 8.

II. Die Zeit von 1848—1871.

1. Die Ereignisse des Jahres 1848, die eine ganze Reihe von Neuerungen politischer und staatsrechtlicher Natur für Bayern brachten, — man vergleiche nur den Landtagsabschied vom 4. Juni 1848 mit seinen vierzehn zum Teil sehr umfangreichen Beilagen — hatten auch für die Streitfrage des Wesens und Umfangs des Petitionsrechtes und des damit in engem Zusammenhang stehenden Rechtes der Gesetzesinitiative des Landtags eine besondere Bedeutung.

Ueberblicken wir noch einmal in Kürze die Stellungnahme der beiden Kammern und der Staatsregierung zu der Streitfrage während der verflossenen dreißig Jahre des Bestehens der Verfassung, so sehen wir, daß schon in der Ständeversammlung von 1819 von der Kammer der Abgeordneten mit aller Schärfe das ihr zustehende Recht „nach ihrem Wirkungskreise Initiative zu geben für ein Gesetz" betont wurde, wir sehen, daß dieses Recht durch den Landtagsabschied von 1819 entschieden geradezu als eine verfassungswidrige Anmaßung der Stände bestritten wurde und wir hören weiter während der Landtagsverhandlungen von 1827/28, daß die Regierung von diesem schroffen Standpunkt abging, indem sie zwischen Gegenständen der allgemeinen Gesetzgebung und jenen der Fundamentaleinrichtung des Staates unterscheidet und bezüglich der ersteren durch das Mittel gemeinsamer Wünsche und Anträge den Ständen des Reiches die Befugnis zur Ergreifung der Initiative einräumt.

Auch der zweite Streitpunkt wurde während des ersten Landtages durch die prinzipielle Anfrage „ob sich die Kammer für befugt halte, eine Bitte an die Krone zu stellen zur Veranlassung einer Initiative auf einen Zusatz zur Konstitution" angeschnitten und in bejahendem Sinne durch die Kammern entschieden. Auch hier machen wir die Wahrnehmung, daß die Regierung sofort in scharfer Form Widerspruch gegen die in dem Beschluß zum Ausdruck gekommene Auffassung der Kammer der Abgeordneten einlegt, und haben Gelegenheit, im weiteren Verlauf der Betrachtung festzustellen, daß im Jahre 1831 die Regierung einem genau formulierten Gesamtbeschluß der beiden Kammern auf gesetzliche Erläuterung eines Verfassungsgesetzes, nämlich des § 9 der Staatsdienerpragmatik vom 1. Januar 1805 zustimmt, ohne auch nur mit einem Wort die rechtliche Zulässigkeit dieses „artikulierten" Antrags zu besprechen oder in Zweifel zu stellen. Immer klarer kommt in der Kammer der Abgeordneten allmählich der Unterschied zum Ausdruck, daß es zwar den Ständen nicht erlaubt sei, formulierte Vorschläge zu Verfassungsänderungen zu machen, da dem der Tit. X § 7 entgegensteht, daß dagegen niemand es ihnen verwehren könne, Wünsche und unartikulierte Anträge in dieser Richtung zu stellen, wogegen die Regierung bestritt, daß ein solcher Unterschied überhaupt gemacht werden dürfe und erklären ließ, daß sie immer und jederzeit solche Wünsche und Anträge als mit den Bestimmungen des Tit. X § 7 der Verfassungsurkunde nicht vereinbar betrachten werde (vgl. oben Staatsminister v. Abel unter § 7 Nr. 6). Und trotzdem finden wir zwei Jahre später, was gerade nach dieser Regierungserklärung auffallen muß, daß ein Antrag auf gesetzliche Auslegung einer streitigen Verfassungsbestimmung — jenes § 48 der II. Verfassungsbeilage — eine sachliche Würdigung durch den Landtagsabschied von 1846 erfahren hat, ohne daß die Ueberschreitung der Zuständigkeit in irgend einer Weise gerügt worden wäre.

2. In diese nicht zu leugnenden Wirrnisse einige Klarheit und Rechtssicherheit zu bringen, sollte die Aufgabe des Gesetzes „die ständische Initiative betreffend" sein, das als II. Beilage zum Abschiede für die Ständeversammlung vom 4. Juni 1848 im Gesetzblatt vom 10. Juni 1848 publiziert ist.

Hier ist zunächst wiederum der schon von Abel im Jahre 1828 als Regierungsstandpunkt festgelegte Unterschied zwischen Initiative zu solchen Gesetzen, die keine Verfassungsgesetze sind, und Vorschlägen zu Abänderungen in den Bestimmungen der Verfassungsurkunde oder Zusätzen zu derselben ausgesprochen; Art. I des Gesetzes räumt bezüglich der ersteren Gesetze: solcher „allgemeinen nicht staatsgrundgesetzlichen" Inhalts den Ständen ein unbeschränktes Recht, formulierte Vorschläge an die Krone zu bringen, ein; daß dieses Recht streitig gewesen wäre, kann seit den obigen Erklärungen der Regierung im Jahre 1828 wohl nicht behauptet werden; daß es ausdrücklich noch einmal gesetzlich festgelegt wurde, darf als ein superfluum bezeichnet werden; denn haben einmal die Stände nach § 19 Tit. VII das Recht, innerhalb ihres Wirkungskreises Wünsche und Anträge an die Krone zu bringen und gehört zu ihrem Wirkungskreis nach § 2 Tit. VII auch das Recht „des Beirates und der Zustimmung zu jedem allgemeinen neuen Gesetz, das die Freiheit der Person oder das Eigentum der Staatsangehörigen betrifft", so steht eben den Ständen das Recht der Initiative zu solchen Gesetzen schon kraft der Verfassungsurkunde zu und es bedurfte keiner neuerlichen gesetzlichen Fixierung. Bezüglich der Verfassungsgesetze wird nun dieses Recht der Initiative nicht allgemein eingeräumt, sondern nur bezüglich eines Teiles der Verfassungsurkunde, der in Art. II und IV genau umschrieben wird. Es soll hienach das Recht der Initiative den Ständen zustehen in Ansehung der in den Tit. IV, der von den allgemeinen Rechten und Pflichten, Tit. VII, der von dem Wirkungskreis der Stände, Tit. VIII, der von der Rechtspflege und Tit. X § 1—6, der von der Gewähr der Verfassungsurkunde handelt, enthaltenen Bestimmungen und den hierauf bezugnehmenden Verfassungsbeilagen — Beilagen I, II, III zu Tit. IV — und Gesetzen; weiter soll bezüglich der in Tit. VI, der von der Ständeversammlung spricht, enthaltenen Bestimmungen, soweit sie die Kammer der Reichsräte betreffen, dieser und, soweit sie die Kammer der Abgeordneten betreffen, letzterer das Recht der Gesetzesinitiative zustehen.

Damit ist das bisher durch § 7 Tit. X sehr beschränkte Recht der Initiative der Stände zu Verfassungsänderungen und zu Verfassungszusätzen wesentlich erweitert; die Streitpunkte sind jedoch keineswegs damit gänzlich beseitigt, sondern nur auf ein kleineres Gebiet beschränkt; vor allem muß hier festgestellt werden, daß das Initiativgesetz über das Petitionsrecht des § 19 Tit. VII überhaupt nichts enthält, und daß demnach hier der Streit fortbesteht, wenn auch als implicite durch das Initiativgesetz mitentschieden angesehen werden darf, daß das Petitionsrecht im engeren Sinn dort nicht mehr bestritten werden kann, wo das Initiativrecht den Ständen einmal eingeräumt ist.

Als besonders auffallend muß es erscheinen, daß trotz der Tatsache, daß das Initiativgesetz, wie gesagt, doch nur das Recht der Gesetzesinitiative im engeren Sinne im Auge hatte, in späteren Jahren, besonders im Jahre 1865 ein heftiger Streit in den Kammern darüber ausbrach, ob nicht durch dieses Gesetz auch die auf Verfassungsänderungen gerichteten, als Petitionen im engeren Sinne gehaltenen Anträge und Wünsche des Landtags unter das Gesetz fallen und deshalb den dort gegebenen erschwerten Formvorschriften unterworfen seien. Es sei deshalb hier in Kürze auf die Motive zum Initiativgesetz eingegangen (abgedruckt in Verh. d. K. d. Abg. vom Jahre 1848 II. Beilageband S. 4 ff.): Der § 7

Abs. II des X. Titels der Verfassungsurkunde beschränkt das Recht, Vorschläge zu Abänderungen der Verfassung zu machen, dahin, daß solche nur vom König ausgehen dürfen; diese Bestimmung wird mit der fortschreitenden Entwicklung des verfassungsmäßigen Lebens nicht mehr vereinbar erachtet. — Nunmehr wird das Recht der Stände, Initiative zu ergreifen, bestimmt, als das Recht formulierte Vorschläge zu Gesetzen zu übergeben. In Abänderung und Erweiterung des § 7 Tit. X nun habe S. M. der König zu genehmigen geruht, daß auch den Ständen des Reichs dieses Recht der Initiative insoweit eingeräumt werden soll, als es sich nicht um unabänderlich feststehende Grundprinzipien oder Rechte Dritter handele. Hienach erscheint es zweifellos, daß es sich nach dem Willen der Regierung bei dem vorliegenden Gesetze nur um den § 7 Tit. X handeln sollte. Und dies wird noch durch folgende Erläuterungen zu den beiden Hauptbestimmungen des ganzen Gesetzes außer Zweifel gestellt; und zwar wird zu Art. I bemerkt: es werde hier den Ständen des Reichs im allgemeinen eingeräumt, bezüglich solcher Gesetze, die keine Verfassungsgesetze sind, die Initiative zu ergreifen, und zwar werde das Recht zugestanden, formulierte und artikulierte Gesetzesvorschläge, nicht bloß Wünsche und Anträge zu übergeben; und in den Bemerkungen zu Art. II wird ein solches Recht der Initiative den Ständen dann auch für bestimmte, näher bezeichnete Verfassungsgesetze eingeräumt. Es kann sohin kaum darüber gestritten werden, daß hier auch die Regierung zwischen Wünschen und Anträgen einerseits und formulierten Vorschlägen andererseits unterscheidet und daß sie der Auffassung war, daß mit dem neuen Gesetz nunmehr auch den Ständen dieses Recht der Vorschläge bezüglich der genannten Verfassungsbestimmungen zustehen sollte, während das einfache Petitionsrecht völlig unberührt blieb und daher nach den Normen der § 19 und 20 Tit. VII wie bisher behandelt werden sollte. Auch das Referat des Abgeordneten Dr. Zenger über den Gesetzentwurf (vgl. a. a. O. S. 247 ff.) geht von dem Gedanken aus, daß es sich in dem neuen Gesetz um das bis jetzt ausschließlich dem König zustehende Recht der Initiative handele, „das nunmehr zwischen der Regierung und den beiden Kammern geteilt werde". Dieser letztere Gesichtspunkt wurde von dem Abgeordneten Professor Dr. Zenger auch in seinem Vortrag im Plenum als grundlegend betont (Verh. d. K. d. Abg. 1848 Bd. V S. 170 ff. und S. 178 ff.); kein Zweifel kann nach den Aeußerungen sowohl vom Ministertische wie von Seiten der Abgeordneten obwalten, daß die durch das Initiativgesetz bezweckten Neuerungen nur den §§ 7 Tit. X berühren sollten, während des § 19 Tit. VII keinerlei Erwähnung getan wird. Die Verhandlungen in der Reichsratskammer über den fraglichen Gesetzentwurf boten nichts wesentlich Neues. Die hier zutage getretenen Anschauungen decken sich mit denen der Kammer der Abgeordneten; auch hier war man der

Ansicht, daß es sich um ein teilweises Aufgeben des bisher der Krone nach § 7 Tit. X allein zustehenden Rechtes der Gesetzesinitiative handele (vgl. Verh. d. K. d. Reichsräte 1848, Prot. Bd. III S. 517 ff.).

3. Kaum zwei Jahre nach dem Inkrafttreten des Initiativgesetzes vom Jahre 1848 nahm die Kammer der Abgeordneten Gelegenheit, in aller Schärfe ihre bisherige Auffassung über das Petitionsrecht zu betonen und dieses gegenüber dem Gesetz von 1848 abzugrenzen. Anlaß hiezu gab ein Referat des Abgeordneten Dr. von Hermann (siehe Verh. d. K. d. Abg. Beilage Bd. III S. 572 ff.) über eine Anzahl von Anträgen, die sich auf das Gesetz vom 4. Juni 1848 über die Aufhebung der gutsherrlichen Gerichtsbarkeit und auf die Aufhebung, Fixierung und Ablösung von Grundlasten bezogen. Die Materien, die diese Anträge betrafen, sind nach Art. 41 des Gesetzes vom 4. Juni 1848 in allen den Teilen, wo durch dieses Gesetz Bestimmungen der Verfassungsurkunde abgeändert werden, ganz so zu betrachten, als ob sie der Verfassungsurkunde selbst einverleibt wären. Die Anträge bezweckten in ihrer Mehrzahl durch Ergreifen der ständischen Initiative diese als Verfassungsbestimmungen zu betrachtenden Gesetze teils abzuändern, teils authentisch zu interpretieren. Bei der Prüfung der formellen Zulässigkeit kam der Referent von Hermann zu dem Ergebnis, daß den Anträgen wegen Fehlens der Kompetenz der Stände nicht stattzugeben sei (a. a. O. S. 599); er bestritt sowohl die Befugnis der Stände, in dieser Sache von dem Recht der Initiative nach dem Gesetz vom 4. Juni 1848 Gebrauch zu machen, weil die Gegenstände, die durch die Anträge umfaßt würden, nicht zu denen gehörten, bezüglich deren durch die Artikel II und IV des fraglichen Gesetzes den Ständen die Initiative eingeräumt worden war; er ging jedoch noch weiter, indem er, zurückgreifend auf den von der Regierung in den 20er und 30er Jahren vertretenen Standpunkt, auch die Möglichkeit bestritt, jene Anträge in Form von W ü n s c h e n um Abänderung von Verfassungsbestimmungen, in denen das R e c h t d e r I n i t i a t i v e den Ständen nicht zusteht, dem König vorzubringen; denn nur über die zu dem in dem § 2—18 Tit. VII der Verfassungsurkunde genau fixierten Wirkungskreise der Stände gehörenden Gegenstände, so führte er aus, könne nach § 1 dieses Titels durch die Stände beraten werden, über alle außerhalb dieses Wirkungskreises gelegenen Gegenstände, wozu Vorschläge auf Abänderung des Ablösungsgesetzes gehörten, sei die Beratung ausdrücklich untersagt; die Folge davon sei, daß über solche Gegenstände die Kammer eben auch keine Wünsche an die Krone richten könne, die stets eine Beratung zur Voraussetzung hätte und nur auf Gegenstände des Wirkungskreises der Kammern sich erstrecken könnten (vgl. Verh. d. K. d. Abg. 1849/50, Sten. Ber. Bd. V S. 220). Diese Auffassung fand nicht die Billigung des Ausschusses; in der Sitzung

vom 3. bzw. 4. Mai 1850 (vgl. a. a. O. S. 620—621) wurde der Antrag des Referenten, die Anträge wegen Inkompetenz der Kammer abzulehnen, verworfen. Dagegen wurde ein wesentlich modifizierter Antrag des Abgeordneten Lerchenfeld angenommen, der den Grundsatz aussprach, daß überall da, wo den Kammern zwar nicht das Recht der Initiative zu Abänderungen der Verfassungsurkunde zustehe, doch nach der ständigen Auslegung der §§ 1 und 19 des Tit. VII wenigstens Wünsche an die Staatsregierung gebracht werden können. Der Abgeordnete Hermann trat dieser Auffassung auch noch im Plenum der Verhandlung in der Sitzung vom 1. Juni entgegen (vgl. Verh. d. K. d. Abg. 1849/50 Bd. V S. 365 ff.), fand aber weder bei dem anwesenden Staatsminister Unterstützung, noch aus der Mitte der Kammer heraus. Abgeordneter Frhr. von Lerchenfeld (siehe a. a. O. S. 371) bekämpfte aufs Entschiedenste die Ansicht, als ob durch das Initiativgesetz die Befugnis der Kammer in Beziehung auf solche Fragen, in welchen der Kammer keine Initiative zusteht, Wünsche auszusprechen, beschränkt worden sei; „daß das Initiativgesetz eine solche Veränderung, eine solche reformatio in pejus nicht beabsichtigt hat, geht daraus hervor, daß es eine Bestimmung darüber nirgends enthält. Ohne eine solche ausdrückliche Bestimmung kann unmöglich angenommen werden, daß das Gesetz, welches den Wirkungskreis der Kammern zu erweitern beabsichtigte, vielmehr eine Beschränkung zur Folge haben sollte". Im weiteren Verlaufe seiner Ausführung wies von Lerchenfeld auf den Unterschied zwischen den Begriffen Antrag auf Initiative und Wunsch auf Ergreifung einer solchen hin. Erstere enthalte ein schon fertiges Gesetz, einen Entwurf, der in allen Spezialitäten eingegangen ist und der nur noch der Sanktion der beiden anderen Gewalten bedarf, um sofort Gesetz zu werden; der Wunsch dagegen überlasse die ganze Formulierung, die ganze Gestaltung des Gesetzes derjenigen Gewalt, von welcher die Initiative auszugehen habe; und dieser Gewalt stehe es immer frei, auf diesen Wunsch einzugehen, es bedürfe hier keiner Ausübung eines Veto, sondern bloß einer Zurückweisung dieses Wunsches, um für den Augenblick diesen Antrag zu paralysieren. Einen ähnlichen Standpunkt vertrat auch der Abgeordnete Fürst von Wallerstein. Das Ergebnis der Abstimmung über den Antrag des Dr. von Hermann war denn auch, daß zwar entsprechend dem Ausschußantrag das Recht der Kammer, die Initiative zu ergreifen, nicht als gegeben angesehen wurde, daß jedoch auch der Antrag des Referenten, die Inkompetenz der Kammer beschlußmäßig festzustellen, abgelehnt, jedoch andererseits das Recht, in dieser Richtung Wünsche vorzubringen von der Mehrheit nicht bestritten wurde (a. a. O. S. 378).

4. Aus den Verhandlungen der 50er Jahre ist ein Antrag des Abg. Jordan hervorzuheben, der in mancher Beziehung neues brachte und zur Besprechung der Frage Veranlassung gab, in wie

weit die Kammer durch Anträge und Wünsche an die Krone sich mit Angelegenheiten der inneren Verwaltung befassen und auf diese Einfluß gewinnen könnte. Der Antrag Jordan (abgedruckt in Verh. d. K. d. Abg. 1854/55 Beilagen Bd. 3, S. 536) lautet: „S. M. der König möge geruhen, das Verhalten der kgl. Kreisregierung der Pfalz gegenüber dem Rechte der Gemeinden zur Bestellung der Gemeinderäte allergnädigst zu prüfen, dem gesetzlichen Rechte Schutz und Schirm gegen Eingriffe und Schmälerung angedeihen und wenn nötig, dem Landtag desfallsige Vorlage machen zu lassen.“ Die Veranlassung zu diesem Antrag lag in einem von dem Antragsteller als gesetzwidrig bezeichneten Vorgehen der Kreisregierung der Pfalz, die — gestützt auf Art. 20 des französischen Verwaltungsorganisationsgesetzes vom 28. Pluviose Jahr VIII, (17. II. 1808.): ‚Les préfets nommeront et pourront suspendre de leurs fonctions les membres des conseils municipaux' — eine große Anzahl durch Wahl der Gemeinden gewählter Gemeinderäte dieses ihres Amtes entsetzt hatte. Das gesetzwidrige dieser Maßnahmen der Regierung entnahm Jordan aus der Erwägung, daß diese Bestimmung zwar für die französische Verwaltungsorganisation Geltung beanspruchen könne, wo dem Recht des Präfekten, die Munizipalräte zu ernennen, das Recht, diese auch wieder vom Amt zu suspendieren, entspräche, daß diese Bestimmung jedoch aufgehoben sei und keine Grundlage in der bayerischen Gesetzgebung habe, nach der die Gemeinderäte aus freier Wahl der Gemeindebürger hervorgehen und derjenige Gemeinderat i s t, der bei dieser Wahl die meisten Stimmen erhalten hat. (Vergl. Art. II. Abs. V des Gesetzes, den Bestand und die Wahl der Gemeinderäte im Rheinkreise betreffend vom 17. November 1837, Gesetzblatt von 1837, S. 140). Dieser Antrag war vom V. Ausschuß in vorstehender Formulierung als zur Vorlage an die Kammer nicht geeignet, angesehen worden, weil er einerseits keine Beschwerde im Sinne des § 21 Tit. VII der Verfassung enthielte, andererseits — und dies ist hier vorzüglich einschlägig — „Gegenstände des Vollzugs“ nach den §§ 1 bis 19 des Tit. VII aber außer dem Wirkungskreis der Kammer lägen. Dieser Auffassung trat der Antragsteller selbst entschieden entgegen (Verh. d. K. d. Abg. 1853/55 Sten. Ber. Bd. I S. 443) und glaubte seine Auffassung, daß von einer Kompetenzüberschreitung der Stände durch den Antrag nicht gesprochen werden könnte, dahin feststellen zu müssen, daß durch den Antrag die Staatsregierung lediglich gebeten werde, durch ihre eigenen Beamten auf administrativen oder anderem Wege das Verfahren der Kreisregierung selbst zu prüfen und dem gesetzlichen Rechte Schutz angedeihen zu lassen, und erst nach vorhergegangener Untersuchung, wenn es notwendig erscheine, eine Vorlage zu machen. Der Antrag des Ausschusses wurde durch das Plenum der Kammer abgelehnt und der Antrag Jordan einem Ausschuß zur Bearbeitung übergeben; im dritten Ausschuß der K. d. Abg. kam er am 17. März 1855 (vgl. Verh. d. K. d. Abg. v. 1854/55, Beilage Bd. III S. 540) zur Verhandlung, fand hier jedoch nicht die Billigung der Mehrheit, wohl aber wurde nach einem Vortrag des Referenten (a. a. O. S. 532) ein wesentlich modifizierter Antrag des letzteren angenommen, der in Form und Fassung keinerlei Einmischung in inneren Verwaltungsangelegenheiten enthielt, vielmehr auf Aufhebung der bestehenden Gesetze, auf die die Regierung ihre Maßnahmen gestützt hatte, abzielte, und an deren Stelle um Erlaß von Bestimmungen bat, die denen des diesrheinischen revidierten Gemeindeedikts vom 1. Juli 1834 entsprächen. Der Bericht des III. Ausschusses wurde durch dessen Referenten in der Sitzung vom 20. März 1855 angekündigt (Verh. d. K. d. Abg. Sten. Ber. Bd. II S. 325), kam aber während des Landtags von 1855 wegen des bald danach (am 25. März 1855) erfolgten Schlusses des Landtags nicht mehr zur Verhandlung. Zu einer ähnlichen Besprechung über die Zulässigkeit des Petitionierens in Angelegenheiten der inneren Verwaltung gab ein Antrag Anlaß „Die Kammer der Abgeordneten möge auf verfassungsmäßigem Wege die Bitte an den König gelangen lassen, daß von den isolierten Lateinschulen des Königreichs diejenigen, deren Bestehen durch ein wirkliches Unterrichtsbedürfnis nicht bloß durch lokale Interessen bedingt sei, als Staatsanstalten ausgeschieden und die Studienlehrer an denselben in ihren Dienstverhältnissen mit den Studienlehrern an den mit Gymnasien verbundenen Lateinschulen völlig gleichgestellt werden." Von seiten der Staatsregierung wurde die Kompetenz der Kammer zu diesem Antrag bestritten, wogegen aus den Kreisen der Abgeordneten geltend gemacht wurde, daß der Antrag sehr wohl in den Wirkungskreis der Stände einschlage, da es sich im Kern der Sache um eine finanzielle Besserstellung der Lehrer der Lateinschulen aus Staatsmitteln handle, also um eine Budgetfrage, worüber die Kammer jedenfalls zu entscheiden habe. Soweit es sich um die Dotation der isolierten Lateinschulen handelte, konnte denn auch von dem anwesenden Staatsminister von Zwehl die Kompetenz der Kammer nicht bestritten werden, wohl aber geschah dies, soweit es sich um die Einrichtung dieser Lateinschulen und um die Regulierung der Besoldung der Lehrer an diesen Schulen handelte, weil bei Würdigung und Entscheidung dieser Frage die Regierung an eine Mitwirkung der Kammer verfassungsmäßig nicht gebunden sei. (Vgl. Verh. d. K. d. Abg. im Jahre 1859 Sten. Ber. Nr. 6 S. 75/76).

5. Im Jahre 1861 brachte der Abg. Dr. Barth einen Antrag ein „die Kürzung der Finanzperioden betreffend" mit folgendem Wortlaut: „Die Kammer wolle beschließen, S. M. ehrfurchtsvollst zu bitten, der Landesvertretung noch auf dem gegenwärtigen Landtag den Entwurf eines die Abkürzung der verfassungsmäßigen

Dauer der Finanzperioden bezielenden Gesetzes vorlegen zu lassen." (Vgl. Verh. d. K. d. Abg. 1859/61 Beilage Bd. IV S. 471). Sowohl der Ausschuß der Kammer der Abgeordneten, als auch das Plenum nahm den Antrag mit großer Majorität an, ohne daß von seiten der Regierung in formeller Beziehung dem Antrag ernstlicher Widerstand entgegengesetzt wurde (Verh. d. K. d. Abg. 1859/61 Bd. I S. 345). Zu diesem Antrag wurde von dem Referenten des zweiten Ausschusses der Kammer der Reichsräte von Niethammer ein Vortrag vom 25. Mai 1861 eingereicht; hier wurde bezüglich des Rechtszustandes vor dem Initiativgesetz vom 4. Juni 1848 ausgeführt, daß es bis dahin den Ständen durch Tit. 10 § 7 ausdrücklich untersagt gewesen wäre, über Aenderungen in den Bestimmungen der Verfassungsurkunde oder den Zusätzen zu derselben nur zu beratschlagen, da Vorschläge auf eine solche Abänderung allein von dem König ausgehen konnten und nur wenn derselbe sie an die Stände gebracht habe, darüber beratschlagt werden dürfte; nur das Recht, Wünsche und Anträge auf authentische Interpretation der Verfassung hätten die Stände sich nicht nehmen lassen; aber auch das Petitionsrecht über Verfassungsänderungen habe den Kammern der Ständeversammlung vor dem 1. Juni 1848 nicht zugestanden; wenn man sich zum Beweis des Gegenteils auf den Landtagsabschied von 1846 III § 35/36 und 40 berufe, so sei dies falsch und keineswegs für die Aufstellung beweiskräftig, weil es sich gerade in diesen drei Fällen nur um authentische Interpretation bzw. um genaue Durchführung der Verfassung und nicht um deren Abänderung gehandelt habe. Nach dem Bestehen des Initiativgesetzes vom Jahre 1848 könne jedoch bezüglich der rechtlichen Zulässigkeit des Antrags keinerlei Zweifel mehr bestehen, aber gerade weil nunmehr den Ständen das Recht zustehe, Vorschläge zur Abänderung gewisser Bestimmungen der Verfassungsurkunde zu machen, müsse dies unter Beobachtung der durch dieses Gesetz vorgeschriebenen Formalitäten geschehen; da dies jedoch nicht der Fall sei, müsse der Antrag aus formellen Gründen zurückgewiesen werden. Der Ausschuß teilte die Ansicht des Referenten; er ging auf den Antrag aus den angegebenen formellen Erwägungen nicht ein, und so blieb die Sache auf sich beruhen bis ins Jahr 1863. Hier wurde ein Antrag von den Abgeordneten Dr. Barth und Frhr. von Lerchenfeld in gleicher Fassung — Petitionsform — wieder eingebracht (siehe Verh. d. K. d. Abg. von 1863 Beilage Bd. I S. 140), in der Sitzung des zweiten Ausschusses vom 24. Juni 1863 ohne Debatte angenommen und ebenso im Plenum der Kammer der Abgeordneten (vgl. Verh. d. K. d. Abg. Sten. Ber. I S. 101, 113). Hienach kam die Angelegenheit erneut im Ausschuß der Reichsratskammer zur Verhandlung; Reichsrat von Niethammer nahm in gleicher Weise wie im Jahre 1861 zu dem Antrag Stellung (vgl. Verh. d. K. d.

Reichsräte 1863 Beilage Bd. I S. 127 ff.), betonte, daß es sich hier nicht um eine Petition im Sinne des § 19 Tit. VII der Verfassungsurkunde handle, sondern um einen unter das Initiativgesetz zu subsumierenden Antrag, der daher wegen Nichteinhaltung der durch das Gesetz vorgeschriebenen Form abzulehnen sei. Gegenüber der Auffassung des Referenten von Niethammer äußerte Frhr. von Thüngen Bedenken über die Frage, ob nicht schon vor dem Initiativgesetz den Kammern das Recht Anträge und Wünsche auf Abänderungen von Verfassungsbestimmungen innerhalb der Vorschriften des Tit. VII § 19 zu stellen, zugestanden habe; das Initiativgesetz habe unmöglich die Absicht haben können, die schon vor demselben bestandenen Rechte der Kammern zu schmälern (a. a. O. S. 144; vgl. hiezu auch diesen Paragraphen Nr. 2).

Der Staatsminister Frhr. von Schrenk nahm Gelegenheit, die Auffassung der Regierung dahin zu erklären: „die Frage sei kontrovers, ob die Kammern erst durch das Initiativgesetz das Recht erworben hätten, Bitten an die Krone um Abänderung von Verfassungsbestimmungen zu bringen oder nicht; die Kammer der Abgeordneten habe diese Frage bejaht und die Kgl. Staatsregierung war nicht in der Lage, dieser Auffassung entgegenzutreten, weil schon vor dem Initiativgesetz vom Jahre 1848 in demselben Jahre ein Antrag auf Umbildung der Kammer der Reichsräte von der Kammer der Abgeordneten gestellt und von der Kammer der Reichsräte auch damals formell nicht beanstandet, sondern materiell beraten worden war (vgl. § 7 II 7 am Ende). Man ließ daher die Frage auf sich beruhen und beschloß, den Antrag nach den Formvorschriften des Initiativgesetzes einem gemäß Art. V dieses Gesetzes vorgeschriebenen verstärkten Ausschuß zu überweisen, nachdem nach § 79 der Geschäftsordnung der Kammer der Reichsräte Anträge der Kammer der Abgeordneten einer Prüfung bezüglich der formellen Richtigkeit der Behandlung in der Kammer der Abgeordneten nicht unterworfen werden dürften. Die Verhandlungen im Plenum der Kammer der Reichsräte im Anschluß an diesen Antrag (vgl. Verh. d. K. d. Reichsräte von 1863, Prot. Bd. I S. 114 ff.), geben ein Bild der Auffassung der ersten Kammer über die Frage, aber auch hier wurde eine volle Uebereinstimmung der Meinungen nicht erzielt; der Referent Reichsrat von Niethammer vertrat bezüglich der Anwendbarkeit des Initiativgesetzes auf den fraglichen Antrag seinen schon in seinem Referat niedergelegten Standpunkt, glaubte jedoch gemäß dem Beschluß des Ausschusses für eine materielle Würdigung des Antrages eintreten zu müssen, da eben Anträge der Kammer der Abgeordneten einer formellen Prüfung und Kritik nicht unterworfen seien (vgl. a. a. O., Prot. Bd. I S. 130). Reichsrat von Harleß teilte nicht die Ansicht des Referenten, er führte aus, daß durch das Initiativgesetz keineswegs auch bloße Bitten um irgend eine Abänderung der Verfassung getroffen werden könnten im Gegensatz zu formulierten Anträgen, welche die Modalitäten der erbetenen Veränderung bis ins einzelne hinein schon präzisiert hätten; denn sollten damit auch bloße Bitten, die nicht näher formuliert sind, gemeint sein, so sei eine Reihe von Bestimmungen des Initiativgesetzes unverständlich, vor allem der umständliche Apparat, der in Zwischenräumen von wenigstens acht Tagen anzustellenden dreimaligen Beratung über den bloßen Wortlaut einer Bitte. Auch die ratio legis spreche dafür, daß das Initiativgesetz nur formulierte Anträge, wirklich eingebrachte Initiativgesetze, im Auge habe (a. a. O. S. 118/119); die Reichsräte von Niethammer und von Bayer widersprachen; letzterer meinte, das Initiativgesetz gebrauche promiscue die Worte Vorschläge und Anträge ohne alle nähere Distinktion und da wo das Gesetz selbst nicht unterscheidet, dürfe man eben auch nicht unterscheiden; auch der Unterschied zwischen formulierten und nicht formulierten Anträgen sei oft ein so geringer, daß man bei den ersteren oft nur ein paar Worte hinzuzufügen brauche. Daher müssen einfache Anträge auf Abänderung der Verfassungsurkunde als unzulässig zurückgewiesen werden (a. a. O. S. 123/24). Der Staatsminister Freiherr von Schrenk griff hier in die Erörterungen ein (a. a. O. S. 126 ff.), erklärte, die Staatsregierung habe stets an dem Grundsatz festgehalten, daß auch einfache Anträge auf Abänderung der Verfassungsurkunde von seiten der Ständeversammlung nicht an den König gebracht werden könnten; diese Auffassung fuße auf § 7 Tit. X der Verfassungsurkunde, weshalb die Regierung allen Versuchen, dennoch Anträge auf Abänderung der Staatsverfassung in Beratung zu nehmen und zu beschließen, entschieden entgegengetreten sei. Erst im Jahre 1846 habe die Staatsregierung zum ersten Male diese Auffassung des Wortlauts der Verfassungsurkunde nicht mehr strenge festgehalten, indem sie Anträge, welche auf authentische Interpretation von Bestimmungen der Verfassungsurkunde gestellt worden waren, nicht mehr entgegentrat, vielmehr auf dieselben im Landtagsabschied einging. Ebenso sei im Jahre 1848 noch vor dem Initiativgesetz einem Gesetzentwurf von beiden Häusern ein Antrag beigefügt worden, welcher gleichfalls eine Aenderung von Bestimmungen der Verfassungsurkunde bezielte, die damalige Verwaltung habe sich dem Antrage gegenüber schweigend verhalten und habe demselben im Landtagsabschied eine eingehende Antwort erteilt. „Angesichts dieser Vorgänge haben die Mitglieder des gegenwärtigen Staatsministeriums geglaubt, über die Kontroverse eine bestimmte Ansicht noch nicht sich bilden zu können, sondern abwarten zu müssen, welche Anschauungen in dem einen oder in dem andern der beiden Häuser sich geltend machen würden, um dann, wenn ein Widerstreit der Meinungen zutage treten würde, denselben auf dem allein möglichen Wege der Gesetzgebung ausgleichen zu können; denn ein anderer Weg kann in diesen Fällen wohl nicht eingeschlagen werden." Reichsrat von Ringelmann bestritt unter Berufung auf eine Anzahl älterer Staatsrechtslehrer den Unterschied zwischen Vorschlägen der Kammer zu Verfassungsänderungen und bloßen Wünschen und Vorschlägen, und betont, daß das Entscheidende nicht in dem Wort „Vorschlag" zu suchen sei, sondern in dem Wort „Beratung" und gerade diese sei bezüglich der Abänderung und Zusätzen zur Verfassungsurkunde durch Tit. X, § VII verboten; hierin liege — was unbedingt für die Zeit von dem Jahre 1848 Geltung haben müsse, — auch das Verbot, überhaupt Wünsche, Bitten oder Anträge zu stellen, denn um solche zu stellen, sei eben eine Beratung nötig, die verboten sei; an dem ursprünglichen Standpunkt der Verfassungsurkunde habe das Initiativgesetz nichts ändern wollen noch können (a. a. O. S. 131 ff.). Der Antrag wurde mit allen gegen zwei Stimmen gemäß den gestellten Ausschußanträgen behandelt, zur materiellen Begutachtung einem verstärkten Ausschuß zugewiesen (a. a. O. S. 138); die spätere Beratung des Antrags im Plenum der Kammer der Reichsräte ergab bei namentlicher Abstimmung dessen Ablehnung (a. a. O. S. 218).

6. Im Jahre 1863 brachte der Abg. Dr. Völk einen Antrag „Die zeitgemäße Erweiterung der Kammer der Reichsräte" betreffend ein, mit nachstehendem Wortlaut:

> „Die Kammer wolle beschließen, es sei an S. M. den König die alleruntertänigste Bitte zu richten, den Kammern des Landtags einen Gesetzentwurf vorlegen zu lassen, wonach die Kammer der Reichsräte in einer ihren eigenen und den Bedürfnissen der Zeit entsprechenden Weise erweitert und umgebildet werde." (Verh. d. K. d. Abg. 1863/65 Beilage Bd. V S. 159).

Die formelle Seite dieses Antrages wurde in § 8 des Vortrags des Referenten v. Steinsdorf in Kürze behandelt (a. a. O. S. 18). Unter Verweisung auf die Stellungnahme der Regierung wie der Kammer der Reichsräte zu einem Antrag der Stände gleichen Inhalts aus dem Jahre 1848 und zu der Frage, ob es einer Kammer zustehe, über die Umbildung der anderen einen Antrag zu stellen, deren Bejahung nach jenen Verhandlungen nicht in Zweifel gezogen werden könne, wurde dargelegt, daß durch das Initiativgesetz hierin keine Aenderung eingetreten sei, da dieses Gesetz keineswegs auch das einfache Petitionsrecht der §§ 19/20 Tit. VII, um das es sich hier allein handeln könne, mit umfaßt. Diese Auffassung erscheint nach den oben behandelten Motiven zum Initiativgesetz zweifellos richtig. (Vgl. oben 2. dieses Paragraphen). Der III. Ausschuß der Kammer der Abgeordneten nahm in seiner Sitzung vom 20. April 1865 den Antrag Völk an. Aus dieser Sitzung (vgl. a. a. O. S. 160) ist die Erklärung des Staatsministers von Neumayr beachtenswert, der sich dahin vernehmen ließ, „daß die Organe der Staatsregierung sich im vorliegenden Falle bezüglich der Abgabe einer bindenden Erklärung in einer eigentümlichen Lage befänden; wenn auch die frühere Kontroverse, ob Anträge auf Verfassungsänderungen — auch wenn sie in Form eines bloßen Wunsches auftraten — nach den strengen Bestimmungen des Initiativgesetzes zu behandeln seien, vorlängst ihre Erledigung befunden habe, so komme doch hier in Betracht, daß nicht bloß die Staatsregierung, sondern auch die Kammer der Reichsräte sehr wesentlich bei der Frage beteiligt seien, dieser letzteren nach den Bestimmungen des erwähnten Gesetzes die Initiative jedenfalls gebühre; deshalb müsse er sich darauf beschränken, der Staatsregierung in bezug auf vorwürfige Fragen nähere Erwägung vorzubehalten". Der Antrag wurde im Plenum der Kammer der Abgeordneten angenommen, ohne daß die Frage der formellen Zulässigkeit desselben noch weiter besprochen wurde. (Verh. d. K. d. Abg. 1863/65 Sten. Ber. Bd. II S. 81 ff., 87). Der Referent der Reichsratskammer Dr. von Bayer hatte zu dem Antrag einen eingehenden Vortrag ausgearbeitet (vgl. Verh. d. K. d. Reichsräte 1863/65, II. Beilagenband S. 108 ff.); an die Spitze seiner Darlegungen stellte er den prinzipiellen Satz (siehe § 4 des Referats), daß v o r dem Gesetz über die ständische Initiative vom 4. Juni 1848 keine der beiden Kammern das Recht hatte, eine Abänderung der Vorschriften der Verfassungsurkunde überhaupt in Antrag zu bringen, und zwar weder in der Form eines formulierten Gesetzesvorschlags, noch in der Form eines einfachen Wunsches: denn sowohl ein Vorschlag, als auch eine Beratschlagung von Verfassungsänderungen könnte nur auf die Initiative des Königs hin überhaupt möglich sein; durch das Initiativgesetz sei dies in wesentlichen Punkten anders geworden. In Sonderheit sei auch hinsichtlich des hier in Frage stehenden Tit. VI, die Zusammensetzung der Ständeversammlung betreffend, der Kammer das Recht der Initiative eingeräumt, aber nur in der Art, daß, wenn der Vorschlag die Kammer der Reichsräte beträfe, das Recht der Initiative nur dieser, wenn es aber die Kammer der Abgeordneten beträfe, nur letzterer dieses Recht zustehen sollte. In der Folge legte von Bayer in Einzelheiten die gegnerische Meinung dar, indem er vor allem den Unterschied von einfachen Wünschen und formulierten Gesetzesvorschlägen und deren Bedeutung für das Initiativrecht der Kammern unter Hinweis auf die ratio legis bestritt. Auch in den Verhandlungen im Ausschuß (Verh. d. K. d. Reichsräte 1863/65, Beilage Bd. II, S. 121 ff.) und im Plenum der Kammer der Reichsräte (vgl. Verh. 1865 Bd. II S. 137 ff., 186 ff.) beharrte von Bayer auf seinem Standpunkt, verwies unter anderem auf die oben unter § 7 Nr. 2 besprochene Geschäftsordnung der Kammer der Abgeordneten vom Jahre 1825 und berief sich weiter noch auf Tit. II Abschnitt II § 21 der X. Verfassungsbeilage, der vorschreibe, daß, wenn ein Redner Anträge gegen die allgemeine Staatsverfassung zu stellen unternähme und ungeachtet der von dem Präsidenten gemachten Erinnerung hiemit fortfahren sollte, der Präsident berechtigt und verpflichtet sei, die Sitzung für diesen Tag sofort zu schließen und in der folgenden Sitzung über die Bestrafung des fehlenden Mitgliedes der Kammer vorzutragen; gerade aus dieser Bestimmung ergebe sich, wie ernstlich es mit der Bestimmung gemeint sei, daß kein Vorschlag zur Aenderung der Verfassung beraten werden dürfe, es sei denn, daß er vom König ausgegangen sei; von Bayer fand mit seiner Auffassung den Beifall der Mehrheit der Reichsräte. Nur von Hohenlohe und Dr. von Harleß traten ihm entgegen; von Hohenlohe hatte zu dem Antrag Völk zum Nachweis von dessen formeller Zulässigkeit ein eingehendes Votum ausgearbeitet (vgl. Verh. d. K. d. Reichsräte 1865 Beilage Bd. II S. 127 ff.) in dessen Sinn er auch bei den Verhandlungen im Plenum Stellung nahm. (Vgl. Verh. d. K. d. Reichsräte 1865 Prot. Bd. II S. 144 ff.). Er stellte die §§ 19 Tit. VII und 7 Tit. X scharf gegenüber; ersterer Paragraph handle von der Initiative im weiteren Sinn — dem Petitionsrecht, d. h. von dem Recht, die Anregung, den Impuls zu einer Handlung zu geben, also bezüglich der Gesetzgebung von dem Rechte der Kammer an die Staatsregierung die Bitte um Vorlage eines ausgearbeiteten Gesetzentwurfes zu stellen; während § 7 Tit. X von Vorschlägen spreche: d. h. von formulierten und artikulierten Gesetzes- und Abänderungsvorschlägen. Davon könne nicht gesprochen werden, daß die Begriffe Antrag und Vorschlag gleich bedeutend seien; nur letzterer umfasse das neue Initiativgesetz; von einfachen Anträgen sei weder im Gesetze selbst, noch in den Motiven zu demselben die Rede; denn nur um Abänderung und Erweiterung des § 7 Tit. X habe es sich bei jenem Gesetze gehandelt, wie ausdrücklich in den Motiven betont sei. (Vgl. auch oben 2 dieses Paragraphen). Das schon nach § 19 Tit. VII seit Erlaß der Verfassungsurkunde bestandene einfache Petitionsrecht der Stände, das sich nach § 2 dieses Titels auf das gesamte Gebiet der Gesetzgebung ohne Unterschied zwischen Verfassung und einfachen Gesetzen erstrecke und observanzmäßig geübt worden sei, werde dagegen durch das Initiativgesetz in keiner Weise berührt. Dem trat Reichsrat von Harleß bei; auch er griff auf die Motive des Gesetzes vom Jahre 1848 zurück, und wies aus denselben nach, „daß das Initiativgesetz bezwecke, die Herstellung des Rechts der Initiative d. h. des Rechts formulierte Vorschläge zu Gesetzen zu übergeben“. Dieses Recht und kein anderes sei früher durch die Verfassung der Krone ausschließlich reserviert gewesen, und dieses Recht und kein anderes sei gerade durch das Initiativgesetz den Ständen eingeräumt worden, und dieses Recht und kein anderes werde zur Verhütung und Ueberstürzung mit erschwerten Formalien umgeben: „Setzen wir aber umgekehrt den Fall, das Initiativgesetz habe erst jetzt das Recht bloßer Wünsche und Anträge auf Verfassungsänderungen den Ständen einräumen wollen, das Initiativgesetz habe dieses de facto wenigstens und in einzelnen Fällen schon früher in den Kammern geübte Recht anerkennen wollen; glauben Sie, die Kammer von 1848 würde einem Gesetz ihre Zustimmung erteilt haben, welches ein schon früher von den Kammern geübtes Recht mit solchen erschwerenden Formalitäten zu umgeben beabsichtigte? Credat Judäus Apella, würde Horaz sagen." Dem trat im Verlauf der weiteren Debatte noch Reichsrat von Ringelmann entgegen, der den älteren Standpunkt der Regierung entwickelte unter Berufung auf eine Anzahl bayerischer Staatsrechtslehrer (Verh. d. K. d. Reichsräte 1865 Protokolle Band II Seite 170 ff.). Der Antrag Völk wurde im Plenum der Kammer der Reichsräte einstimmig abgelehnt (a. a. O. S. 194), auch von jenen Reichsräten, die die formelle Zulässigkeit des Antrages für begründet erachtet hatten und zwar, wie aus ihren Darlegungen hervorgeht, weil triftige Bedenken über Sinn, Tragweite und Prinzip des Antrags obwalteten und nach ihrer Auffassung die Behandlung einer Frage, die die Zusammensetzung der Kammer der Reichsräte angehe, auch eben von dieser in Angriff genommen werden müsse, falls es ihr not tue.

7. Wir haben nun noch im folgenden aus den Verhandlungen des Jahres 1865 auf die Ausführungen des Abgeordneten Professor Dr. Pözl näher einzugehen und zwar deshalb, weil wir hier sowohl die Auffassung des Abgeordneten als die des Gelehrten vor uns haben, die daher erhöhtes Interesse und genauere Darstellung beanspruchen kann. (Vgl. Verh. d. Abg. 1865 Bd. II S. 341 ff.). Zur Beratung stand ein Antrag der Abgeordneten Völk und Arnheim, in dem im Wege der Petition auf gesetzliche Regelung der Militärstrafrechtspflege angetragen und an die Krone die Bitte gerichtet war, den Kammern des Landtags den Entwurf eines Gesetzes vorlegen zu lassen, durch welches die Uebertragung der Untersuchung und Aburteilung der von Militärpersonen verübten, nicht militärischen Verbrechen, Vergehen und Uebertretungen an die allgemeinen bürgerlichen Strafgerichte herbeigeführt werde. Der Antrag bezielte sohin eine wesentliche Abänderung des Titel IX § 7 der Verfassungsurkunde, nach dem die Militärpersonen in Dienstsachen dann wegen Verbrechen oder Vergehen unter der Militärgerichtsbarkeit stehen. Dies gab dem Abgeordneten Dr. Pözl Veranlassung, neben der Darlegung seines allgemeinen Standpunktes auch noch zu den oben besprochenen Kundgebungen der Reichsratskammer sich zu erklären. Dr. Pözl unterschied zunächst zwischen dem Petitionsrecht und dem Recht der Initiative. „Daß dies zwei verschiedene Dinge sind, das haben nicht erst neuerlich einige Publizisten auf das Tapet gebracht, sondern das ist, so lange eine Staatswissenschaft existiert, eine ausgemachte Sache. Was aber das Petitionsrecht — das Recht der Anträge und Wünsche, wie es die Verfassungsurkunde nennt, —

in bezug auf Verfassungsfragen betrifft, so betrachte ich dasselbe als ein absolut notwendiges Recht einer jeden Volksvertretung, als ein Recht, das von derselben nicht zu trennen ist, wenn man ihr nicht das Leben unterbinden, wenn man sie nicht lebensunfähig machen will." Daher sei dieses Recht auch bei allen Völkern mit konstitutioneller Verfassung anerkannt, nur in der napoleonischen Verfassung von 1852 sei es dem Parlament versagt. Auch die alten bayerischen Landstände hätten gerade die wichtigsten Verfassungsfragen zum Gegenstand der Beratungen gemacht. Schon das Vorwort spreche davon, daß man eine Standschaft wolle, mit dem Recht der Wünsche ohne Beschränkung und nicht werde, wie beim Beschwerderecht hinzugefügt, „wegen der und der Punkte, wegen der und der Gegenstände". Darauf folge § 19 Tit. VII der Verfassungsurkunde, wo das Recht zu petitionieren ganz allgemein bestimmt ist und zwar ohne Beschränkung auf diejenigen Gegenstände, die in den vorhergehenden §§ 2—18 aufgezählt sind; denn diese Paragraphen enthielten nicht den alleinigen Wirkungskreis der Stände, sondern gerade § 7 Tit. X räume jenen ein noch viel weitergehendes Recht der Mitwirkung ein, in dem es dort heißt, daß keine Aenderung und kein Zusatz zur Verfassungsurkunde zustande kommen kann, ohne ständische Mitwirkung und Zustimmung, weshalb auch sämtliche Verfassungsfragen ganz sicher in den ständischen Wirkungskreis gehörten. Auch durch § 7 II Tit. X werde den Ständen keineswegs das Petitionsrecht in bezug auf Verfassungsfragen abgesprochen und entzogen, weil nur die Vorschläge hiezu vom König ausgehen könnten und nur wenn derselbe sie an die Stände gebracht hat, dort beratschlagt werden dürften. Denn dieser Satz beziehe sich allein auf das Recht der Initiative und nicht auf das Petitionsrecht, indem hier bloß Initiativanträge, formell formulierte Gesetzesvorschläge gemeint sind, welche den Kammern nicht zustehen sollten, während damit das Petitionsrecht in Verfassungsfragen gar nicht berührt werde. Durch die konstante Uebung der Kammer der Abgeordneten und durch eine Reihe von Gesamtbeschlüssen in den Jahren 1831, 1846 und 1848, die von keiner Seite beanstandet wurden und als Gesamtbeschlüsse an die Regierung gegangen seien, dadurch seien alle Bedingungen zu einer Observanz, zu einer usuellen Interpretation des Gesetzes erfüllt. Dem Einwand gegenüber, die Verfassungsurkunde habe den Hauptakzent auf das Beratschlagen über Verfassungsfragen gelegt und die Diskussion, weil man habe verhüten wollen, daß in der Oeffentlichkeit über diese Fragen debattiert würde, verhindern wollen, sei zu betonen, daß davon nichts in der Verfassungsurkunde stehe; nicht die Debatte überhaupt über Verfassungsgegenstände sei verboten, sondern nur das Beratschlagen von Vorschlägen ist ausgeschlossen, außer im Fall der Initiative der Regierung. Es sei undenkbar, die Debatte über Verfassungsfragen etwa durch eine Geschäftsordnung zu verbieten und unmöglich zu machen, zumal zwar nicht durch ausdrückliche Bestimmung der Verfassungsurkunde, wohl aber durch eine langjährige, in keiner der beiden Kammern beanstandete Uebung ein Petitionsrecht der Staatsbürger und Gemeinden anerkannt sei, das sich auch auf Verfassungsfragen erstrecken könne. — Auch bezüglich der Art der Behandlung solcher Anträge bestehe eine Differenz zwischen der Kammer der Reichsräte und der der Abgeordneten: gegen die Annahme dieser Kammer, daß Anträge und Wünsche, wo sie überhaupt in Verfassungsfragen zulässig sind, nach den Normen des Initiativgesetzes zu behandeln seien, müsse man daran festhalten, daß kein Grund bestehe, von der bisherigen Uebung der Kammer in dieser Richtung abzugehen und daß daher auch solche Anträge, wie alle andern, zu behandeln und zu erledigen seien. Daß das Initiativgesetz nur das Recht der Initiative im engeren Sinn und nicht auch das Petitionsrecht betreffen könne, das ergebe sich schon aus dem Satz der Motive, der ausdrücklich sagt, es habe die Krone auf ein wertvolles Recht, das sie bisher ausschließlich besessen habe, verzichtet und auch den Kammern das Recht der Initiative eingeräumt. Nun könne man doch nicht sagen, daß der Krone von jeher ein Recht der Anträge und Wünsche gegenüber der Volksvertretung zugekommen sei; es könne daher von einem solchen Recht überhaupt nicht die Rede sein; sondern nur die Initiative könne gemeint sein. Die Kammer der Reichsräte beharrte auf ihrem früheren Standpunkt. Der Referent des ersten Ausschusses Graf v. Lerchenfeld versprach sich eine Lösung der bestehenden Kontroverse allein durch eine eingehende gesetzliche Regelung der Streitfrage (Verh. d. K. d. R. von 1865 II. Beilageband S. 455 ff.). Im Plenum wurde der von der Kammer der Abgeordneten gefaßte Beschluß nahezu einstimmig abgelehnt. Nur Fürst Hohenlohe vertrat seinen schon oben dargelegten Standpunkt in aller Kürze, der der Ansicht der Mehrheit der I. Kammer entgegengesetzt war. (Verh. d. K. d. Reichsräte Prot. III. Bd. S. 29 ff.).

8. Anläßlich eines Antrags des Abg. Dr. Brater und Genossen „die Rechte der nicht anerkannten Religionsgesellschaften und ihrer einzelnen Mitglieder betreffend“, berührte der Antragsteller in Kürze die bezüglich des Petitionsrechtes des Landtags zwischen der Reichsrats- und der Abgeordnetenkammer bestehenden Meinungsverschiedenheiten; bei dieser Gelegenheit sprach er die Erwartung aus, daß endlich ein Gesetzentwurf an den Landtag gebracht werde, der „dem schleichenden Inkompetenzfieber“ ein Ende bereiten und das Petitionsrecht des Landtags gegen jede künftige Anfechtung vollkommen sicher stellen werde. (Verh. d. K. d. Abg. von 1865 Sten. Ber. Bd. III S. 165).

Die Frage der gesetzlichen Regelung der Streitfrage wurde jedoch erst während des Landtags von 1866/69 in Fluß gebracht, und zwar durch einen Gesetzentwurf des Abgeordneten Dr. Brater: „das Petitionsrecht des Landtags und der Staatsangehörigen betreffend", der der Kammer der Abgeordneten im November 1867 vorgelegt wurde. (Vgl. Verh. d. K. d. Abg. 1866/68 Sten. Ber. Bd. II S. 257). Im ersten Teil des Entwurfes wird der Vorschlag gemacht, eine Kontroverse, die seit Jahren zwischen der Kammer der Abgeordneten und der Kammer der Reichsräte bestehe, in einer solchen Weise, wie es den von der Kammer der Abgeordneten stets festgehaltenen Rechten des Landtags entspreche, zum unbestrittenen Abschluß zu bringen. Die Fassung des Art. 1 lautete dahin: „Das in Tit. VII § 19 der Verfassungsurkunde den Kammern gewährte Recht erstreckt sich auch auf gemeinsame Wünsche und Anträge hinsichtlich der authentischen Auslegung, Aufhebung oder Abänderung von Verfassungsbestimmungen. Formulierte Gesetzesvorschläge können jedoch in solchen Angelegenheiten nur unter den in dem Gesetz vom 4. Juni 1848 die ständische Initiative betreffend festgestellten Beschränkungen vom Landtag an den König gebracht werden." Der zweite Teil des Entwurfes bezielte durch Abänderung der §§ 20 Abs. I und 21 Abs. I des Tit. VII der Verfassungsurkunde und durch Aufhebung des Art. 22 Abs. I des Geschäftsgangsgesetzes vom 25. Juli 1850 der Kammer der Abgeordneten in der Behandlung ihrer Geschäfte eine freiere Hand zu gewähren. Der Antrag wurde zwar einem aus dem ersten und vierten Ausschuß zusammengesetzten erweiterten Ausschuß übergeben (siehe a. a. O. S. 258). Die Erledigung wurde jedoch verhindert durch die wiederholte Erklärung der Staatsregierung, daß sie selbst beabsichtige einen Gesetzentwurf vorzulegen (Verh. d. K. d. Abg. 1866/69 Beilage Bd. V S. 308).

Dies erfolgte in der Sitzung vom 30. April 1868 (Verh. d. K. d. Abg. 1866/68 Sten. Ber. Bd. IV S. 309) und zwar durch die Erklärung des Staatsministers v. Hörmann, wonach durch den vorgelegten Entwurf die zwischen den beiden Kammern über Art und Umfang des Petitionsrechtes bestehende Kontroverse ihre Lösung auf legislativem Wege finden sollte. Der Entwurf bestand nur aus drei Artikeln folgenden Inhalts (abgedruckt in Verhandlungen d. K. d. Abg. 1866/68 Beilage Bd. IV S. 545):

Art. 1. Die beiden Kammern des Landtages haben das Recht, ihre gemeinsamen Wünsche und Anträge auch hinsichtlich der authentischen Auslegung, Aufhebung und Abänderung von Verfassungsbestimmungen an die Krone zu bringen. Ausgeschlossen hievon bleiben jedoch die Bestimmungen der Tit. I, II und III der Verfassungsurkunde, des Gesetzes über die permanente Zivilliste vom 1. Juli 1834 und das gegenwärtige Gesetz, dann des Tit. VI der Verfassungsurkunde, bezüglich dessen der Kammer nur insoweit es sie betrifft, das Petitionsrecht zustehen soll. Art. 2. Hinsichtlich der Einbringung formulierter Gesetzesvorschläge bleiben die Bestimmungen des Gesetzes vom 4. Juni 1848 die ständische Initiative betreffend unverändert in Kraft. Art. 3 bezeichnet das Gesetz als ergänzenden Bestandteil der Verfassungsurkunde. Die

Motive zu dem Gesetzentwurf erklären (a. a. O. S. 545), daß derselbe dem allseitig und insbesondere auch von seiten der Staatsregierung anerkannten Bedürfnis entspräche, die Streitfrage des Petitionsrechtes der Kammern auf legislativem Wege zu lösen. Diese Lösung bezwecke der Entwurf ausgehend von der Absicht, das Petitionsrecht der Kammer innerhalb geringer durch § 1 Satz 2 des Entwurfs gegebener Schranken ausdrücklich anzuerkennen, und sicher zu stellen. Das Petitionsrecht und das Recht zur Einbringung formulierter Gesetzesvorschläge wird zwar als sehr nahe verwandt bezeichnet, aber immerhin dadurch unterschieden, daß auf letzteres Recht unverändert das Initiativgesetz vom Jahre 1848 ausdrücklich als fortbestehend angesehen sein sollte. Abgeordneter Dr. Brater hatte auch zu diesem Regierungsentwurf das Referat übernommen (Verh. d. K. d. Abg. 1866/69 Beilage Bd. V S. 307 ff.). Er stellte zunächst als wesentlich für die Beurteilung der Vorlage fest folgende drei Punkte, aus denen der bisherige Standpunkt und die Rechtsauffassung der Kammer der Abgeordneten hervorgeht:

1. In bezug auf alle Gegenstände des verfassungsmäßigen Wirkungskreises insbesondere also auf jede Abänderung, Ergänzung oder authentische Auslegung bestehender Verfassungsnormen sind die Kammern befugt, das Gesuch um Vorlage eines Gesetzentwurfes gemeinsam an die Krone zu bringen.

2. Die Befugnis der Kammer, ihrerseits Gesetzesvorschläge zu entwerfen und der Krone zur Sanktion zu empfehlen, hat denselben Umfang, jedoch mit Ausnahme der in den Tit. I—III, V, IX und X § 7 der Verfassungsurkunde sowie in den bezüglichen Beilagen und neueren Verfassungsgesetzen enthaltenen Bestimmungen.

3. Die erste Anregung steht in allen Fällen jeder der beiden Kammern zu; wenn ein wirklicher Initiativantrag in bezug auf den Gegenstand des Tit. VI („Ständeversammlung“) beabsichtigt wird, ist die Initiative nach Art. IV des Gesetzes vom 4. Juni 1848 auf die bei dem Antrag zunächst beteiligte Kammer beschränkt.

Mit dieser Rechtsauffassung deckt sich jedoch in Punkt 1 und 3 nicht im vollen Umfang der Standpunkt der Kammer der Reichsräte; denn hienach werden die Beschränkungen des Initiativrechtes auch auf das einfache Petitionsrecht bezogen; es wird angenommen, daß bis zum Jahre 1848 die Kammern nach Tit. X § 7 der Verfassungsurkunden nicht befugt gewesen seien, auch nur das einfache Gesuch um eine Gesetzesvorlage in bezug auf Gegenstände des Verfassungsrechtes an die Krone zu richten und daß diese Befugnis auch jetzt noch ausgeschlossen sei hinsichtlich derjenigen Verfassungstitel, welche das Gesetz vom 4. Juni 1848 dem Initiativrecht der Kammern nicht zugänglich macht. Die Konsequenz dieser Auffassung ist in Sonderheit die, daß in bezug auf Tit. VI der Verfassungsurkunde die Ausübung des einfachen Petitionsrechts derselben Beschränkung unterliegen würde, wie die Ausübung des Initiativrechtes; es wird aber auch die rechtliche Möglichkeit der Landesvertretung abgeschnitten, ihre Wünsche dem Staatsoberhaupt vorzutragen, wo es sich um diejenigen Gegenstände handelt, die nicht vom Initiativgesetz mit umfaßt werden. Gegenüber dem von dem Referenten im Jahre 1867 vorgelegten Entwurf, der die gesetzliche Festlegung des unbeschränkten Petitionsrechtes der Kammern bezweckte, schlage der Regierungsentwurf — so führte der Referent weiter aus — einen Mittelweg ein: Die Tit. V, IX, X § 7 sollen dem Petitionsrechte zugänglich werden, die Tit. I—III einschließlich des Gesetzes über die Zivilliste sollen ihm durch § 1 Abs. II des Entwurfs verschlossen bleiben, und hinsichtlich des Tit. VI soll jeder Kammer das Petitionsrecht „nur soweit es sie selbst betrifft" zustehen. Jede derartige Beschränkung geriete jedoch einerseits mit der richtigen Auslegung des geltenden Rechtes und mit einer langjährigen Praxis, andererseits mit der Natur der Sache in Widerspruch. Denn bei richtiger Auslegung der grundlegenden Verfassungsbestimmungen müsse man dazu kommen, daß dem bayerischen Landtag d a s e i n f a c h e P e t i t i o n s r e c h t i n a l l e n Gesetzgebungsfragen ohne alle Beschränkung durch die Verfassung gewährt ist. Der Entwurf stelle daher an die Landesvertretung das Ansinnen, teilweise auf ein Recht zu verzichten, das ihr verfassungsmäßig zukommt, das von ihr wiederholt geübt und von der Staatsregierung selbst unzweideutig anerkannt worden ist; jede Verkümmerung dieses Rechtes erscheine als ein Eingriff in den natürlichen Wirkungskreis der Volksvertretung. Ein vergleichender Blick auf das Staatsrecht der anderen deutschen Staaten ergebe, daß der bayerischen Landesvertretung eine Beschränkung zugemutet werde, der keine andere Volksvertretung in Deutschland unterworfen sei. Dr. Brater kam daher zur Ablehnung des Entwurfes. Der Ausschuß (a. a. O. S. 310) glaubte den Entwurf annehmen zu können, wenn man allein die Tit. I und II § 1—6 vom Petitionsrecht ausnehme. Die Verhandlungen im Plenum ergaben nichts wesentlich neues (Sten. Ber. Bd. VI S. 363 ff.); festgestellt sei, daß man das unbeschränkte Petitionsrecht als der Kammer kraft der Verfassung zustehend ansah, und daß man in Satz 2 des Art. I des Entwurfs eine Beschränkung dieses verfassungsmäßigen Rechtes erblickte. Der Entwurf wurde in der Fassung des Ausschusses abgelehnt, nachdem die erforderliche Zweidrittelmajorität für den Entwurf nicht zu gewinnen war. Damit waren die Versuche einer gesetzlichen Regelung der Streitfrage endgültig gescheitert.

§ 9.

III. Die Zeit von 1871—1908.

1. Wie die Ereignisse des Jahres 1848 mit ihren vielen sowohl öffentlich-rechtlichen, wie privatrechtlichen Neuerungen auch die hier besprochene Streitfrage nicht unberührt lassen konnten bei der außerordentlichen Bedeutung, die dem Petitions- und Initiativrecht der Kammern für die lebendige Betätigung einer Volksvertretung zukommt, so mußte auch die Neugestaltung der staatsrechtlichen Verhältnisse zwischen Bayern und dem norddeutschen Bund, Bayerns Eintritt in das neue deutsche Reich, eine Reihe von bedeutsamen Veränderungen im Gefolge haben, die ihre Wirkungen auch auf unsere Streitfrage äußerten. Zwar war keineswegs die Souveränität, aus der man zu Beginn unseres Verfassungslebens die Macht des Königs, seinem Volke von sich aus eine Verfassung zu geben, ableitete, nunmehr auf das Reich übertragen worden, wohl aber war eine Reihe von Aufgaben, deren Regelung bisher Bayern allein zukam, nunmehr im Interesse der bundesstaatlichen Einheit auf die Kompetenz des Reiches übergegangen, und es erscheint immerhin verständlich, daß der Landtag in solchen Angelegenheiten, in denen er bisher mitbestimmend war, und die nunmehr von Reichs wegen zu erledigen waren, durch Aeußerung von Wünschen an die Staatsregierung einen gewissen Einfluß auf deren Stellungnahme im Bundesrat zu gewinnen suchte.

Somit mußte die Streitfrage auftauchen, ob und inwieweit Wünsche und Anträge des Landtags in Reichsangelegenheiten an die Krone gebracht werden können, ob diese als Petitionen im engeren Sinn oder etwa nach dem Initiativgesetz vom Jahre 1848 zu behandeln seien.

2. Diese Frage stand zu Beginn des Landtages 1873/75 zur Beratung der Kammer der Abgeordneten und führte zu einer eingehenden Besprechung. Veranlassung hiezu gab ein Antrag der Abgeordneten Dr. Völk und Herz:

> „Es sei an die Kgl. Staatsregierung die Aufforderung zu richten, daß sie bei Abgabe ihrer Stimmen im Bundesrate dem Beschlusse des Deutschen Reichstags dahin lautend: ‚An die Stelle des Nr. 13 Art. IV der Reichsverfassung tritt nachstehende Bestimmung: Die gemeinsame Gesetzgebung über das gesamte bürgerliche Recht, das Strafrecht und das gerichtliche Verfahren‘, ihre Zustimmung gebe.“

Der Antrag bezweckte sohin die Erweiterung der Reichskompetenz auf das gesamte bürgerliche Recht, während nach der ursprünglichen Ziff. 13 des Art. 4 als der „Beaufsichtigung seitens des Reichs und der Gesetzgebung desselben unterliegend“ nur aufgezählt war, das Obligationenrecht, Strafrecht, Handels- und

Wechselrecht und das gerichtliche Verfahren (Verh. d. K. d. Abg. 1873/75 Sten. Ber. Bd. I S. 39). Hiezu wurde von dem Abgeordneten Hauck der Antrag gestellt, den Antrag der Abgeordneten Völk und Herz nach dem Gesetz vom 4. Juni 1848, die ständische Initiative betreffend, und zwar nach Art. 5 und 6 zu behandeln. Ueber letzteren Antrag wurde als der präjudizielle zuerst beraten; seitens des Antragstellers Hauck wurde zur Begründung seines Antrags geltend gemacht, die Annahme des Antrags Völk habe zur Folge, daß die gesamte Justizhoheit an das Reich übergehe, womit jegliches Recht der Kammern, bezüglich des Justizwesens ein Wort mitzureden schwinde. Dies habe eine Abänderung bzw. eine Beseitigung eines schönen Teils der Verfassungsurkunde zur Folge, eine Verfassungsänderung könne jedoch nicht in die Form eines einfachen Antrags hineingebracht werden, sondern müsse nach den Formen des Initiativgesetzes behandelt werden. Diesen Ausführungen traten zwei weitere Mitglieder der Kammer bei. De facto sei der Antrag Völk ein Initiativantrag, denn die Erweiterung der Kompetenz des Reiches habe notwendig eine Beseitigung staatlicher und verfassungsrechtlicher Einrichtungen in Bayern zur Folge und bedeute nichts anderes, als die Aufhebung der bayerischen Justizhoheit. Von seiten des Antragstellers Dr. Völk und des Abgeordneten Dr. Marquardsen begegneten diese Darlegungen lebhaftem Widerspruch: Es wurde einerseits das Vorliegen eines Initiativantrages bestritten; denn es läge gar nicht in der legislativen Befugnis der bayerischen Abgeordnetenkammer in dieser Frage eine Entscheidung zu treffen; hiezu sei allein die Staatsregierung ermächtigt und von dieser Ermächtigung Gebrauch zu machen, darum bitte der Antrag die Staatsregierung. Aber auch wenn man zu Unrecht das Vorliegen eines Initiativantrages annähme, dann bestände doch kein Zweifel darüber, daß die bayerische Kammer sich selbst untreu würde, wenn sie jetzt glaube, daß sie nicht auch in der Form gewöhnlicher Anträge solche Gegenstände zur Sprache bringen könnte. „Es ist ein wesentlicher Unterschied, erklärte Marquardsen (a. a. O. S. 22), ob Sie in der Form eines wirklichen Initiativgesetzentwurfes schon die formelle eigentliche Zustimmung dieses unseres Gesetzgebungsfaktors erklären, oder ob Sie nur an die Krone die Bitte richten, daß sie einen Gesetzesvorschlag bringen möge, der dann später in reiflicher Ueberlegung in diesem Hause zur Verhandlung kommen würde." Der königliche Staatsminister Dr. von Fäustle erklärte, er müsse den vorliegenden Antrag in hohem Maße willkommen bezeichnen; denn er gäbe Gelegenheit, der Kammer der Abgeordneten die Anschauungen der Staatsregierung darzulegen. Auf die Frage, ob hier ein Initiativantrag vorliege, ging der Justizminister überhaupt nicht ein, der Antrag Hauck wurde mit geringer Mehrheit abgelehnt, der Antrag Völk dagegen mit gleich geringer Majorität angenommen. Reichsrat Dr. von Neumayr behandelte in seinem

Referat für den I. und III. Ausschuß der Kammer der Reichsräte unter I (siehe Verh. d. K. d. Reichsräte 1873/74 Beilage Bd. I S. 213 ff.) des Näheren die formelle Vorfrage der Zulässigkeit des Antrags hinsichtlich seiner möglichen Behandlung nach dem Initiativgesetz vom Jahre 1848 und kam zur Verneinung dieser Frage: Entscheidend für die Beantwortung der Frage sei allein die Tatsache, daß die Bestimmungen des Initiativgesetzes vermöge ihres Charakters als Bestimmungen des bayerischen Verfassungsrechtes nur Anwendung finden auf Fälle, in welchen es sich irgendwie darum handelt, durch einen Akt der bayerischen Legislation, durch eine Tätigkeit der bayerischen Gesetzgebungsfaktoren ein neues, die Verfassung abänderndes oder modifizierendes bayerisches Gesetz ins Leben zu rufen. Würde der Art. 4 Nr. 13 der Reichsverfassung gemäß dem Antrag des Reichstages abgeändert werden, so geschehe dies durch ein Reichsgesetz, das allerdings seine Rückwirkung auf die bayerische Verfassung äußere und Aenderungen in der Zuständigkeit der bayerischen Landesgesetzgebung zur Folge habe; diese Aenderungen geschehen jedoch nicht durch einen Akt der bayerischen Gesetzgebung, sondern durch einen Akt der Legislation des Reiches. Der bayerische Landtag habe bei diesem legislativem Akt keinerlei Recht der Mitwirkung. Die Stimmen der bayerischen Regierung im Bundesrat würden gezählt ohne Rücksicht darauf, ob sie mit oder ohne Einverständnis des bayerischen Landtags abgegeben seien oder nicht. „Die Bedeutnng und Tragweite dieses Antrags kann angesichts dieser Tatsachen — nach der Auffassung von Neumayr's — nur die sein, daß der Staatsregierung die wünschenswerte Gewißheit gegeben werde, ob und inwieweit sie, wenn sie bei jenem Akt der Reichsgesetzgebung ihre Stimme im Bundesrat in diesem oder jenem Sinne abgibt, in Uebereinstimmung mit der Majorität des bayerischen Landtages sich befindet. Diese Erwägungen führen zur Unanwendbarkeit des bayerischen Initiativgesetzes und lassen es überflüssig erscheinen, auf die Frage einzugehen, ob der Antrag in den Formen des Initiativgesetzes oder den für einfache Petitionen vorgeschriebenen Formen zu behandeln sei." In den Verhandlungen im Ausschuß (a. a. O. S. 226 ff.) wurde von der Mehrheit der anwesenden Mitglieder der Auffassung Ausdruck verliehen, daß es sich um eine mittelbare Abänderung der bayerischen Verfassung handele. Hiegegen bemerkte der Staatsminister von Pfretzschner, daß durch die Annahme der Reichsverfassung den Faktoren der Reichsgesetzgebung allein die Fakultät der Aenderung der Reichsverfassung eingeräumt sei; die Staatsregierung halte es allerdings für ihre moralische Pflicht, sich bezüglich ihres Verhaltens in so wichtigen Fragen der Reichsgesetzgebung der Ansicht der Faktoren der Landesgesetzgebung zu versichern, jedoch könne es sich hiebei keineswegs um eine Aenderung der bayerischen Verfassung handeln. Dieser Ansicht trat die Mehrheit des Ausschusses nicht bei, sondern sie sprach sich mit allen gegen drei Stimmen dafür aus, daß der Antrag als Initiativantrag auf Abänderung der bayerischen Verfassung zu behandeln sei (a. a. O. S. 230). Im Plenum der Kammer der Reichsräte legte von Neumayr zunächst seinen Standpunkt und dann die Gesichtspunkte dar, die zu dem Beschluß des Ausschusses geführt hatten (Verh. d. K. d. Reichsräte 1873/75 Bd. I S. 85 ff.). Reichsrat von Haubenschmied vertrat in eingehendem Vortrag die Auffassung der Minderheit des Ausschusses unter scharfer Betonung der Tatsache, daß eben eine Abänderung der bayerischen Verfassung nur im Wege der bayerischen Gesetzgebung erfolgen könne und zwar durch ein Gesetz, welches mit Zustimmung beider Kammern unter Einhaltung der Bedingungen in Tit. X § 7 der Verfassungsurkunde angenommen, von S. M. dem König sanktioniert und in vorgeschriebener Weise publiziert worden ist; durch einen Beschluß über den vorliegenden Antrag werde jedoch an der Verfassung kein Jota geändert. Es sei nicht zu leugnen, daß die in Frage stehende Abänderung der Reichsverfassung auf die Landesverfassung der Bundesstaaten zurückwirke, aber diese Macht, der Abänderung der Reichsverfassung eine rückwirkende Kraft auf die Verfassungen der einzelnen Bundesländer zu geben, sei eben dem Reich und dessen gesetzgebenden Faktoren durch die Annahme der Bundesverfassung durch sämtliche Einzelstaaten eingeräumt worden und dadurch hätten sich eben die gesetzgebenden Faktoren dieser Bundesländer jeder Einwirkung auf die Reichsgesetzgebung begeben. Auch die weitere Frage, ob hier eine Petition um Vorlegung eines Gesetzentwurfes auf Abänderung der Verfassung oder ob gar ein nach dem Initiativgesetz zu behandelnder Antrag vorliege, sei hier nicht zu entscheiden; denn bei solchen Petitionen handle es sich stets nur um solche Gegenstände, die zum Wirkungskreis der petitionierenden Kammer gehören, während im vorliegenden Falle bestritten werden müßte, daß der Gegenstand des Antrags zu diesem Wirkungskreise gehört, da die Stimmen der bayerischen Vertreter im Bundesrate abgegeben würden, ohne Rücksicht darauf, ob diese mit den Auffassungen der bayerischen Kammermehrheit harmonierten. Es sei also hier der besondere Fall gegeben, daß Anträge und Wünsche und Meinungsäußerungen der beiden Kammern in Gegenständen, die eigentlich nicht zum Wirkungskreis derselben gehörten, von der Staatsregierung bereitwillig angehört und entgegengenommen wurden und daß die Staatsregierung sogar die Erklärung abgegeben habe, daß ihr dieser Antrag sehr erwünscht sei; einen Zweifel über die Zulässigkeit von solchen Meinungsäußerungen über Gegenstände, die nicht zur unmittelbaren Zuständigkeit der Kammern gehören, könne jedoch nicht obwalten, jedoch könne eine solche Meinungsäußerung eine staatsrechtliche Wirksamkeit in keiner Weise äußern. Sie habe allein den Vorzug, der Staatsregierung über die Meinung des Hauses in irgendeiner Angelegenheit Aufschlüsse zu geben und dies könne durch einfache Majorität geschehen; die Behandlung des Antrags nach dem Gesetz vom Jahre 1848 sei daher abzulehnen (a. a. O. S. 92 ff.).

Wir haben diese Darlegungen etwas eingehender behandelt, weil sie den juristischen Kern der Frage in klarster Form erfassen. Der Staatsminister von Pfretzschner vertrat die Auffassung, der er schon im Ausschuß Ausdruck verliehen hatte, und die sich mit der des Referenten von Neumayr und des Reichsrats von Haubenschmied deckte; er verwies vor allem auch darauf, daß die Kammer mit Annahme der Versailler Verträge eben auch den Art. 78 Abs. 1 der Reichsverfassung, angenommen habe, wonach jede Abänderung der Reichsverfassung somit auch jede Erweiterung der Reichskompetenz, durch einfache Majorität im Reichstag beschlossen, im Bundesrat jedoch — wenn nur 14 Stimmen sich dagegen aussprechen — abgelehnt werden kann. Damit sei aber auch jedes Mitwirkungsrecht der Landtage der Bundesstaaten ausgeschlossen (a. a. O. S. 115 ff.). Reichsrat Fürst von Hohenlohe vertrat die gleiche Ansicht. Reichsrat von Harleß hielt sich nicht für befugt, einen Antrag oder Wunsch zu unterstützen, welcher die Zuständigkeit der bayerischen Kammer nicht berührt, sondern nach der Reichsverfassung von dem Bundesrat und von dem Reichstag zu erwägen und auszuführen ist (a. a. O. S. 102 ff.). Die Prinzipalfrage, ob der Antrag nach Tit. X § 7 und dem Initiativgesetz zu behandeln sei, wurde gegen 15 Stimmen bejaht (a. a. O. S. 122). Die überwiegende Mehrheit der Kammer der Reichsräte erklärte sich für den Antrag, jedoch wurde die erforderliche zweidrittel Majorität nicht erreicht, so daß der Antrag als Ganzes abgelehnt wurde.

Kaum einige Wochen später wurde die vorwürfige Frage erneut in beiden Kammern behandelt. Die Abgeordneten Herz und Dr. Gerstner hatten einen Antrag eingebracht, es sei an die Kgl. Staatsregierung die Aufforderung zu richten, im Bundesrat dahin zu wirken, daß den Mitgliedern des Reichstags eine Reisekostenentschädigung und Diäten bewilligt werden". (Verh. d. K. d. Abg. 1873/74 Sten. Ber. Bd. I S. 67 ff.). Abgeordneter Herz begründete die Zulässigkeit des Antrags mit ähnlichen Erwägungen, wie sie bei dem oben besprochenen Antrag betreffend die Ausdehnung der Reichskompetenz auf das gesamte Gebiet der Zivilgesetzgebung hervortraten; er gab zu, daß es sich bei dem Antrag an sich um einen Gegenstand der Reichsgesetzgebung speziell um eine Abänderung des Artikel 32 handle, nahm jedoch für die Kammer das Recht in Anspruch, auch solche Fragen im Landtag zu besprechen, da es für die Staatsregierung und ihre Stellungnahme im Bundesrat nur wünschenswert sein könne von der Auffassung des Landtags in der Diätenfrage Kenntnis zu erhalten. Abgeordneter Dr. Jörg machte gegen die formelle Zulässigkeit des Antrags Bedenken geltend (a. a. O. S. 70); der Antrag könne, da der Gegenstand der endgültigen Entscheidung entzogen sei, hier nicht beschlußmäßig verbeschieden werden; die Kammer sei jedoch nicht dazu da, um Gegenstände nur zu besprechen, sondern um solche zu beraten und darüber zu beschließen. Ein Gesamtbeschluß der Kammer könne daher nicht provoziert werden. Abgeordneter Jörg brachte daher den Antrag ein, in Anbetracht der Tatsache, daß der Antrag Herz keinen zur Kompetenz der bayerischen Landesvertretung gehörigen Gegenstand betreffe, zur Tagesordnung überzugehen. Dieser Antrag wurde jedoch abgelehnt, der Antrag Herz dagegen angenommen. Die Staatsregierung ließ durch den Staatsminister von Pfretzschner ihren schon oben angegebenen Standpunkt vertreten, die Zuständigkeit der Kammer wurde nicht bestritten, sondern es wurde, als von hohem Wert bezeichnet, die Anschauungen des Landtags in dieser Frage kennen zu lernen. — In der Kammer der Reichsräte (vgl. Verh. d. K. d. R. 1873/74 Prot. Bd. I S. 206) führte der Referent Frhr. v. Schrenk aus, der Antrag erstrebe in seinem letzten Ziele die Abänderung der Reichsverfassung, ohne daß er auf die bayerische Verfassung oder irgend ein spezielles bayerisches Interesse Rückwirkung äußere; da es sich hier also allein um eine Angelegenheit des Reiches handle, müsse sich die Kammer enthalten, in die Zuständigkeit des Reiches hinüber zu greifen. Dieser Rechtsauffassung traten sämtliche übrigen Redner bei, was zur Folge hatte, daß der Antrag mit allen gegen eine Stimme abgelehnt wurde.

Eine ähnliche Behandlung erfuhr der Antrag des Abgeordneten Völk: „Es sei an die Staatsregierung das Ersuchen zu richten, sie möge bei den Verhandlungen über den Reichsstrafprozeß auch in Zukunft dahin wirken, daß die Einrichtung der Schwurgerichte in denselben aufgenommen und unter Aufrechterhaltung der bewährten Grundsätze der bayerischen Strafgesetzgebung in der den Rechtsbedürfnissen des deutschen Volkes, sowie den Anforderungen der Strafrechtspflege entsprechenden Weise ausgebildet werde.“ Der Zweck des Antrags (vgl. Verh. d. K. d. Abg. 1873/74 Sten. Ber. Bd. I S. 189) wurde von dem Abgeordneten Dr. Völk dahin dargelegt, es wolle in der bayerischen Kammer der Wunsch ausgesprochen werden, daß die Staatsregierung das, was an ihr liegt, tue, um das Institut der Schwurgerichte zu erhalten. Der Vertretung des deutschen Volkes gegenüber wolle, ohne in deren Kompetenz einzugreifen, die Anschauung der bayerischen Volksvertretung dahin ausgesprochen werden, daß man nicht recht täte, wenn man in Beziehung auf die Entwicklung unseres Rechtslebens einen drohenden, beklagenswerten Schritt rückwärts täte. Auch hier stellte der Abgeordnete Jörg den Antrag, über den Antrag Völk wegen mangelnder Kompetenz der bayerischen Volksvertretung zur Tagesordnung überzugehen; der Antrag wurde jedoch wieder abgelehnt, dagegen der Antrag Völk in gleicher Fassung angenommen (a. a. O. S. 198).

In der Kammer der Reichsräte (vgl. Verh. d. K. d. R. 1873/74 Verh. Bd. I S. 240 ff.) wurde von dem gleichen Referenten unter Bezugnahme auf den obigen Antrag bezüglich der Diäten der Reichstagsabgeordneten die Kompetenz des bayerischen Landtags zur Beratung und Beschlußfassung bestritten, weil die Angelegenheit zur Zuständigkeit des Reiches gehöre. Von anderer Seite wurde auf den Unterschied zwischen jenem, die Diäten der Reichstagsabgeordneten betreffenden Antrag und dem vorliegenden mit Recht hingewiesen. Bei jenem Antrag handelte es sich um eine Aenderung einer Bestimmung der Reichsverfassung, bei diesem aber um ein Gesetz, das erst gegeben werden soll, wobei den Kammern das Recht zukommen müßte, die Staatsregierung zu bitten, in gewissem Sinn zu handeln und Stellung zu nehmen. Der Justizminister erklärte bezüglich der aufgeworfenen Zweifel über die Zuständigkeit: „Die Frage, ob der vorliegende Antrag aus Rücksicht auf die Zuständigkeit des Reichs abzulehnen oder ob in eine materielle Würdigung desselben einzutreten sei, unterliege ganz dem weisen Ermessen des hohen Hauses und er möchte demselben auch in keiner Weise vorgreifen." Eine bestimmte Auffassung in der Streitfrage schien die Staatsregierung nicht vertreten zu wollen. Der Antrag wurde denn auch mangels Kompetenz der Kammer abgelehnt, obgleich sämtliche Redner mit dem materiellen Inhalt des Antrag einverstanden waren.

Ein Antrag des Reichsrats von Neuffer „es sei an S. M. dem König die Bitte zu richten, anordnen zu wollen, daß im Bundesrat von seiten der Staatsregierung Maßnahmen befürwortet werden, welche eine Aenderung der bisherigen Handelspolitik und vor allem die entsprechende Revision des Zolltarifs herbeizuführen geeignet erscheinen" (vgl. Verh. d. K. d. R. 1873/74 Beil. Bd. II S. 177) wurde in der ersten Kammer besprochen, aber nicht erledigt. Es sei hier noch auf eine ähnliche Bitte hingewiesen, die während des Landtags von 1877/78 in den Kammern verhandelt wurde. Die Kammer der Abgeordneten hatte beschlossen (vgl. Verh. d. K. d. Abg. 1877/78 Sten. Ber. Bd. I S. 257) an die Krone die Bitte zu richten, daß die Staatsregierung durch ihre Vertreter im Bundesrat eine Erschwerung und Beschränkung der Haltung von Wanderlagern und Wanderauktionen hinwirke. Die Frage der Zulässigkeit des Antrags wurde weder von seiten der Staatsregierung noch von seiten der Abgeordneten berührt. Der Referent der Reichsratskammer Graf von Lerchenfeld streifte unter III seines Vortrags diese Frage (vgl. Verh. d. K. d. R. 1877/78 Beil. Bd. I S. 104 ff.), indem er das formelle Bedenken zur Sprache brachte, daß etwas Mißliches darin liege, wenn die einzelnen Landtage sich, wenn auch nur indirekt, auf Gebiete begeben, welche ihrer Gesetzgebungssphäre entrückt sind; er meinte jedoch, bei dem Antrag handle es sich vornehmlich darum, eine Tätigkeit der Kgl. Staatsregierung in dem Umkreis ihrer Befugnisse hervorzurufen, welche ihr von der Reichsverfassung eingeräumt sind, und führte weiter aus „man könnte es sogar als Pflicht der einzelnen Landtage erklären, jene Schwierigkeit, welche durch Reichsgesetze infolge der Eigenart des Landes hervorgerufen werden, zur Sprache zu bringen und durch Aufdeckung der Schäden und Nachteile deren Beseitigung anzuregen". Diese Erwägung führten den Referenten zur Bejahung der Frage der Zulässigkeit. An diese formellen Bedenken knüpfte der Staatsminister des Innern von Pfeufer bei den Verhandlungen im Plenum der Kammer an. (Verh. d. K. d. R. 1877/81 Prot. Bd. I S. 165 ff.): Es ist immerhin mit Vorsicht aufzunehmen, wenn es sich um Materien der Reichsgesetzgebung handelt und selbst die hohe Kammer hat schon bereits bei zwei Anträgen die Kompetenz bestritten, aber andererseits müssen doch auch die Wünsche der Landesvertretung sich geltend machen und gehört werden können und im vorliegenden Fall ist eine Berechtigung vorhanden und, da es für die Staatsregierung wünschenswert erscheint, auch die Anschauungen der bayerischen Landesvertretung in dieser Frage kennen zu lernen, so könnte von ihrem Standpunkt aus kein Bedenken getragen werden, die Sache auch formell in der Kammer verhandelt zu sehen. Der Antrag wurde mit allen gegen drei Stimmen auch von der Kammer der Reichsräte angenommen (a. a. O. S. 179).

3. Was die Frage des Rechts der Stände anlangt in Form von Petitionen an die Krone Wünsche zu richten, die Vertreter Bayerns im Bundesrat mögen in dieser oder jener Frage der Reichsgesetzgebung in einem bestimmten Sinn ihre Stimme abgeben, sei hier auf einige Fälle aus dem Landtag von 1883/86 hingewiesen. Es lag ein Antrag vor, die Krone zu bitten, die Bevollmächtigten Bayerns im Bundesrat zu beauftragen, auf eine Revision des geltenden Reichsmilitärgesetzes in nachbezeichneter Richtung hinzuwirken:

a) daß die ordinierten Geistlichen vom Militärdienst befreit seien,

b) daß die Kandidaten der katholischen und protestantischen Theologie bereits nach sechswöchentlicher aktiver Dienstleistung bei einem Infanterieregiment zur Reserve zu beurlauben seien (vgl. Repert. über die Verh. d. beiden Kammern d. Landtags 1883/86 S. 109 Sten. Ber. Bd. IV S. 37 ff.). Die Frage der formellen Zulässigkeit des vorstehenden Antrags wurde weder von den Antragstellern noch von der Staatsregierung berührt; dagegen wies Dr. von Schauß darauf hin, daß zur Reichsgesetzgebung gehörige Gegenstände nicht so nebenher in den Einzel-Landtagen behandelt werden sollen (a. a. O. S. 46), wogegen Dr. Daller für die Kammer das Recht in Anspruch nahm, dem Ministerium gegenüber Anträge auch über Reichsgesetze vorzulegen. Der Antrag wurde von der Kammer der Abgeordneten angenommen (vgl. a. a. O. S. 52).

In der Kammer der Reichsräte (Repert. S. 110 Prot. Band

IV S. 260 ff.) wurde der Antrag Gabler abgelehnt, dagegen ein Antrag des Grafen zu Ortenburg, es sei im Hinblick auf die Erklärung der Staatsregierung auf die Tagesordnung überzugehen, angenommen; dies geschah jedoch nicht aus formellen Gründen wegen etwaiger Unzuständigkeit der Kammer.

Anläßlich einer Petition betreffend die Einführung von Diäten für die Reichstagsabgeordneten wurde die Kompetenzfrage des Landtags erneut besprochen; dabei wurde auf die Vorgänge während des Landtags von 1873/75 verwiesen, bei welcher Gelegenheit die Kompetenz der Stände von seiten der Staatsregierung nicht bestritten worden sei (Repert. S. 209 Verh. d. K. d. Abg. Sten. Ber. Bd. V S. 137); diese wurde von der Kammer der Abgeordneten auch jetzt wieder für gegeben angesehen und die Petition der Staatsregierung zur Berücksichtigung übergeben (a. a. O. S. 149).

4. Im folgenden haben wir des Näheren auf die in den beiden Kammern im Jahre 1885 gepflogenen Verhandlungen über einen zwischen Bayern und Rußland am 1. Oktober 1885 abgeschlossenen Auslieferungsvertrag einzugehen, wobei es zu einer prinzipiellen Aussprache über Wesen und Umfang des Petitionsrechtes kam, die als grundlegend für die spätere Rechtsauffassung bezeichnet werden darf. Anläßlich der Beratung des Etats des Staatsministeriums des Kgl. Hauses und des Aeußern für 1883 (vgl. Verh. d. K. d. Abg. 1885/86 Sten. Ber. Bd. IV S. 201) nahm der Referent Dr. Frankenburger Gelegenheit, in schärfster Weise diesen Auslieferungsvertrag zu kritisieren, eine Kritik, der sich die übrigen Mitglieder der Kammer der Abgeordneten in allen Punkten anschlossen. Das formale Recht der Regierung, solche Verträge abzuschließen, wurde von keiner Seite beanstandet. Das Ergebnis dieser Behandlung war ein Antrag des Abgeordneten Kopp (a. a. O. S. 212, siehe auch Repert. S. 11), der dahin ging, es möge an die Krone die Bitte gerichtet werden, baldmöglichst die Kündigung dieses Vertrags anordnen zu wollen. Dieser Antrag konnte aus formalen Gründen nicht zur sofortigen Diskussion gestellt werden, dagegen wurde bald danach unter dem 29. November 1885 ein wesentlich modifizierter Antrag von Seiten des Abgeordneten Kopp eingereicht, durch den an die Krone die Bitte gerichtet wurde, es möge der neuerlich abgeschlossene Auslieferungsvertrag nach den Grundsätzen des Auslieferungsvertrags von 1869 baldmöglichst umgestaltet werden (Repert. S. 12). Dieser Antrag wurde von Seiten des Antragstellers Kopp nur nach seiner materiellen Seite hin behandelt (vgl. Verh. d. K. d. Abg. 1885/86 Sten. Ber. Bd. IV S. 300). Die formelle Seite wurde zunächst von dem Abgeordneten Dr. von Schauß in Kürze berührt (a. a. O. S. 303), indem er unter Hinweis auf Tit. VII § 1 und 19 bemerkte, es habe sich in dieser Beziehung seit 1818 das Verfassungsrecht traditionell in der Weise erweitert, daß die Befugnis der

Kammer kaum bestritten werden könne, Stellung auch in solchen Fragen zu nehmen, deren endliche Lösung der Krone allein vorbehalten ist; jedoch sei es, nachdem einmal § 1 und § 19 Tit VII der Verfassungsurkunde vorhanden seien, angezeigt, von diesem Petitionsrecht nur in geringem Maße Gebrauch zu machen und Konflikte zu vermeiden; denn dadurch sei es der Kammer besonders in der Zeit von 1848 bis 1871 gelungen, Rechte zu gewinnen, die man vorher glaubte auf Grund jener Bestimmungen ablehnen zu müssen. Eingehender besprach der Staatsminister von Crailsheim die Frage der Zuständigkeit des Landtags: Es sei zwar das selbstverständliche Recht der Landesvertretung, die Regierungshandlung, auch wenn sie einen Gegenstand berühre, welcher an und für sich nicht zum Wirkungskreise des Landtags gehört, ihrer Kritik zu unterstellen; etwas anderes sei es jedoch mit dem Recht der Kammern, Anträge an die Krone zu richten; dieses Recht sei kein unbeschränktes, sondern verfassungsmäßig durch Tit. VII § 19 an die Grenzen des ständischen Wirkungskreises geknüpft; möge man nun diese Bestimmung soweit auslegen, möge man darunter alles begreifen, was mit dem Wirkungskreis der Stände auch nur entfernt zusammenhängt, so müsse man doch sagen, daß der Abschluß von Auslieferungsverträgen hierunter nicht falle. Denn dieser sei ein politisch-administrativer Akt, ein Akt der politischen Erwägung der Regierung und berühre somit nicht den Wirkungskreis der Stände, weshalb denn auch ein Recht der Kammer, einen diesbezüglichen Antrag an die Krone zu stellen, nicht gegeben sei. Dem widersprach Abgeordneter von Stauffenberg (a. a. O. S. 309 ff.); er meinte, wenn die Kammer stets das Recht der Kritik an Gegenständen, die nicht eigentlich in ihren Wirkungskreis gehörten, geübt habe, andererseits aber durch § 10 Tit. VII die Beratung über Gegenstände, die nicht zum Wirkungskreis der Stände gehörten, verboten sei, dann hätte der Minister auch die Verhandlungen über jene Gegenstände mit der Bemerkung verhüten müssen, daß auch die Kammer nicht berechtigt sei, über diese Gegenstände sich auszusprechen und zu beraten; der Beschluß sei nur ein Annexum, der von der Verfassung der Beratung vollkommen gleichgestellt sei. Dem Abgeordneten Stauffenberg entging bei seinen Ausführungen der Unterschied zwischen den Begriffen „Beratung" und „Besprechung" einer Angelegenheit, der von der Verfassung strikte gemacht wird, und auf den wir schon oben in § 2 am Ende hinzuweisen Gelegenheit hatten (vgl. auch die nachfolgenden Bemerkungen des Reichsrats von Neumayr in seinem Referat zu vorstehendem Antrag). von Stauffenberg führte weiter aus, die Kompetenz der Kammer könne nicht bestritten werden, da mit dem Tit. VII der Verfassungsurkunde der Wirkungskreis der Kammern keineswegs abgeschlossen sei, § 5 Tit. X und § 21 Tit. VII vielmehr die Beobachtung der ganzen Verfassung unter den Schutz der Stände stelle; wenn die Verfassung das Recht gebe, wegen Verletzung derselben konstitutionelle Beschwerde zu führen, dann müsse unzweifelhaft auch den Ständen das mindere Recht erteilt sein, alle über die Verfassung auftauchenden Wünsche und Anträge nach bestem Wissen an die Krone zu bringen. Dies ergebe auch die Uebung langer Jahre, nach der sogar Wünsche und Anträge von Seiten der Regierung angenommen worden seien, dahin, es möge diese oder jene Verordnung eines bestimmten von der Kammer vorgeschlagenen Inhalts erlassen werden, und es bestehe doch wohl kein Zweifel, daß der Erlaß von Verordnungen das ureigenste Recht der Krone sei. Es wurde zunächst ein Antrag gestellt mit der Anfrage, ob sich die Kammer in dieser Angelegenheit für kompetent halte, was bejaht wurde, und hierauf wurde der Antrag Kopp in seiner zweiten Fassung mit großer Mehrheit angenommen. (Vgl. a. a. O. S. 320).

Die Behandlung der Angelegenheit in der Kammer der Reichsräte ist insofern von erhöhtem Interesse, als der Reichsrat Dr. von Neumayr über die formelle Zulässigkeit des Antrags ein eingehendes Referat ausarbeitete, dem eine besondere Bedeutung für die spätere Rechtsauffassung zukommt (vgl. Verh. d. K. d. R. 1885/86 Beil. Bd. III Seite 348 ff.). Es sei im folgenden deshalb dieser Vortrag des näheren besprochen: Ausgehend von der gesetzlichen Bestimmung über das Antragsrecht im § 19 Tit. VII erklärte der Referent dasselbe keineswegs als ein generelles, sondern als ein auf den Wirkungskreis der Stände beschränktes: bei der Abgrenzung des Wirkungskreises der Kammern ist der Fundamentalsatz des bayerischen Staatsrechts ins Auge zu fassen, daß für ein Mitwirkungsrecht des Landtags bei der Ausübung der Staatsgewalt niemals die Vermutung spricht, (vgl. Tit. II § 1 der Verfassungsurkunde, siehe auch oben § 1), sondern daß ein solches Recht nur da als bestehend angenommen werden kann, wo es durch ausdrückliche Gesetzesbestimmung nachweisbar ist. Dieser Wirkungskreis wird jedoch nicht in Tit. VII § 2—18 erschöpfend umschrieben (vgl. oben § 2), sondern die Verfassung und die übrigen Verfassungsgesetze enthalten noch eine Reihe anderer Normen, die den dort gegebenen Wirkungskreis der Stände erweitern. Alle außerhalb dieser Grenzlinie liegende Tätigkeit in der Ausübung der Staatsgewalt gehört ausschließlich dem Gebiete des Regierungs- und Verwaltungsrechts der Krone an, einem Gebiet, auf welchem jede Mitwirkung — und bei einer strengen Auslegung des § 19 Tit. VII der Verfassungsurkunde auch jedes Antragsrecht des Landtags unbedingt ausgeschlossen ist. Der Wortlaut dieser Verfassungsbestimmung läßt jedoch auch eine weitere dem Antragsrecht der Kammern günstigere Auslegung zu: Wenn nämlich die Verfassungsbestimmung den Landtag für berechtigt erklärt, in Bezug auf alle zu seinem Wirkungskreis gehörigen Gegenstände seine Wünsche und Anträge dem König vorzubringen, so läßt sich dieser Ausdruck auch wohl so auslegen, daß nicht nur solche Anträge der Kammer formell statthaft sein sollen, welche sich direkt und unmittelbar mit Gegenständen beschäftigen, die dem Wirkungskreis des Landtags zugewiesen sind, sondern auch solche, die nur in einer indirekten Verbindung, in einem mehr oder minder nahen Zusammenhang mit einem Gegenstand dieser Art stehen. Da wo eine solche Verbindung, ein solcher Zusammenhang nachweisbar erscheint, wird also der gestellte Antrag, auch wenn er das Gebiet der Regierungs- und Verwaltungstätigkeit, insbesondere, wenn er das auf diesem Gebiet sich bewegende Verordnungsrecht der Krone berührt, gleichwohl nicht als außerhalb der Zuständigkeit des Landtags liegend zu erachten sein. Diese erweiternde Auslegung des § 19 Tit. VII hat die Praxis angenommen und es besteht keine Veranlassung, dieselbe zu bekämpfen. Bezüglich des vorliegenden Antrags auf Umgestaltung des Auslieferungsvertrages mit Rußland gilt folgendes: Unbestritten fest steht, daß der Staatsregierung das Recht zusteht, nach ihrem Ermessen mit auswärtigen Staaten Verträge abzuschließen — natürlich mit gewissen Einschränkungen; — ebenso unbestritten ist aber auch, daß dieses Recht unter keine der Verfassungsbestimmungen subsumiert werden kann, in welchen der Wirkungskreis des Landtags umschrieben ist, daß es sohin zu den ausschließlich der Krone zustehenden Regierungsrechten gehört; auch ein nur mittelbarer und indirekter Zusammenhang zwischen dem Antrag und den durch bestimmte Verfassungsbestimmungen dem Wirkungskreis des Landtags zugewiesenen Materien kann keineswegs als gegeben angenommen werden. Wenn man im vorliegenden Fall die Zuständigkeit der Kammer zur Antragstellung annehmen wollte, dann könne man wohl sagen, daß ein Fall der Unzuständigkeit überhaupt nicht mehr denkbar wäre, daß sohin die beschränkende Bestimmung des Tit. VII § 19 der Verfassungsurkunde nicht bloß ausdehnend interpretiert, sondern geradezu als beseitigt angesehen werden müßte. Keineswegs könne der Satz aufgestellt werden, daß diese Beschränkungen nicht mehr bestehen, daß sie durch eine „traditionelle Uebung", durch eine „verständige Benützung des Initiativ- und Petitionsrechts" durch „eine langjährige konstante Praxis" nach und nach stillschweigend aus dem Wege geräumt worden seien; denn eine Aufhebung verfassungsrechtlicher Bestimmungen kann nur durch ein unter Beobachtung der Vorschriften des Tit. X § 7 der Verfassungsurkunde zu erlassendes Gesetz geschehen, was nicht vorliegt. Unter Bezugnahme auf die Ausführungen von Stauffenbergs wies im weiteren Verlauf seines Referats von Neumayr auf den Unterschied der Begriffe Beratung und Besprechung hin (vgl. oben Kap. I § 2 am Ende S. 13); solange der Auslieferungsvertrag gelegentlich der Beratung über den Etat des Staatsministeriums des Kgl. Hauses und des Aeußern nur kritisch b e s p r o c h e n wurde, sei dagegen nichts einzuwenden, unangängig dagegen sei es, in einer außerhalb des Wirkungskreises der Stände liegenden Materie beschlußmäßig Anträge und Wünsche zu äußern.

Diese Erwägungen führten den Referenten zur Verwerfung des Antrages der Kammer der Abgeordneten. Der Ausschuß trat dem dahin gestellten Antrag einstimmig bei, (vgl. Beil. Bd. III S. 379). Bei den Verhandlungen im Plenum der Kammer der Reichsräte vertrat von Neumayr den in seinem Referate niedergelegten Standpunkt (vgl. Verh. d. K. d. R. 1885/86 Prot. Bd. IV S. 481 ff.), die weitere Aussprache ergab bezüglich der formellen Seite des Antrags nichts wesentlich Neues. (Vgl. d. Ausführungen des Reichsrats Graf zu Ortenburg a. a. O. S. 498 ff.). Gemäß dem Antrag des Ausschusses wurde denn auch der Antrag der Kammer der Abgeordneten mit großer Majorität verworfen (vgl. a. a. O. S. 532).

5. Aus dem weiteren Verlauf der Verhandlungen der Kammer in den folgenden Jahrzehnten sei noch auf eine Anzahl von Anträgen hingewiesen, die sämtlich dahin zielten, durch Bitten an die Krone eine bestimmte Stellungnahme der Staatsregierung in gewissen Reichsangelegenheiten im Sinne des Landtags zu erreichen und die erkennen lassen, daß sich allmählich eine ständige Praxis herausgebildet hat, nach der die Möglichkeit und rechtliche Zulässigkeit derartiger Anträge von sämtlichen beteiligten Faktoren anerkannt wurde.

a) Der Landtag von 1889/90 befaßte sich mit einem Antrag des Abgeordneten Geiger, durch den die Krone gebeten wurde, das Ministerium anzuweisen, im Bundesrat dahinzuwirken, daß die Ausdehnung des Reichsgesetzes vom 4. Juli 1872, den Orden der Gesellschaft Jesu betreffend, auf die Kongregation der Redemptoristen zurückgenommen werde (vergleiche Repert. Seite 105); die Kammer der Abgeordneten nahm den Antrag an, ohne ausdrückliche Aussprache über die Zulässigkeit (vgl. Verh. d. K. d. Abg. 1889/90 Sten. Ber. Bd. IV S. 245 ff., 258). In der Reichsratskammer (vgl. Verh. d. K. d. R. 1889/90 Prot. Bd. II S. 488 ff., 503 ff.) stellte Reichsrat von Poschinger den Antrag, über den Antrag Geiger zur Tagesordnung überzugehen, da es nicht angehe, eine das Reich betreffende Angelegenheit im bayerischen Landtag zu behandeln. Dieser Antrag wurde mit Stimmenmehrheit angenommen. Einen ähnlichen Zweck verfolgte ein Antrag des Abgeordneten Biehl, der auf dem gleichen Landtag von 1889/90 verhandelt wurde (vgl. Repert. S. 68 ff.). Es sollte dadurch erreicht werden, daß die Bevollmächtigten Bayerns im Bundesrat dahin wirkten, daß dem Reichsgesetz vom 18. Juli 1884, die Kommanditgesellschaften auf Aktien und die Aktiengesellschaften betreffend, eine Reihe von der Kammer der Abgeordneten genau formulierter Bestimmungen einverleibt werde. Die Kammer der Abgeordneten nahm den Antrag an (Verh. Sten. Ber. Bd. IV S. 102), die Kammer der Reichsräte lehnte dagegen den Antrag nach einem Referat des Reichsrats von Auer ab, ohne daß jedoch hiebei Zuständigkeitsbedenken maßgebend gewesen wären (vgl. Verh. d. K. d. R. 1889/90 Prot. Bd. IV S. 507 ff.).

b) Dem Landtag von 1891/92 lag je ein Antrag des Abgeordneten Dr. Daller und des Abgeordneten Ackermann vor (Repert. S. 141 ff.), in denen an die Krone der Wunsch gerichtet war, die bayerischen Bevollmächtigten im Bundesrat anzuweisen, bei der Beratung einer deutschen Militärstrafprozeßordnung nur einem Entwurf zuzustimmen, der nach den Grundsätzen der bayerischen Militärstrafgerichtsordnung aufgebaut ist und in dem die Prinzipien der Oeffentlichkeit und Mündlichkeit des Verfahrens gewahrt sind. Der Antrag Ackermann wurde in beiden Kammern angenommen und im Landtagsabschied vom 28. Mai 1892 verbeschieden (vgl. Verh. d. K. d. Abg. 1892/93 Sten. Ber. Bd. IX S. 831).

c) In den Verhandlungen des Jahres 1893/94 finden wir einen Antrag Dr. Daller und Genossen, inhaltlich dessen die Krone gebeten wurde, durch die Vertreter Bayerns dem Bundesrat beim Abschluß eines Handelsvertrags mit Rußland dahin zu wirken, daß die bisherigen Getreidezölle auch fernerhin aufrecht erhalten bleiben und daß der sogenannte Identitätsnachweis nicht aufgehoben werde (vgl. Repert. S. 293 ff. V. d. K. d. Abg. 1893/94 Sten. Ber. Bd. II S. 461 ff.). Der Antrag wurde in der Kammer der Abgeordneten angenommen, in der Kammer der Reichsräte wurde dagegen über denselben zur Tagesordnung übergegangen, da derselbe wegen des schon erfolgten Abschlusses der Handelsverträge gegenstandslos geworden war.

d) Ein Antrag Ratzinger, (Landtagsverhandlungen 1895/96 Repert. S. 355) auf Abänderung der Reichsgesetze über den Wucher und die Maß- und Gewichtsordnung fand durch Ablehnung bezw. Zurücknahme des Antrags seine Erledigung; ebenso wurde ein Antrag Bachmeier und Genossen (Repert. S. 333), durch den die Krone gebeten wurde, durch die Vertreter Bayerns im Bundesrat für die Abänderung des Reichsgesetzes über die Alters- und Invalidenversicherung einzutreten, erledigt.

e) Aus den Verhandlungen des Landtags 1897/98 (vgl. Repert. S. 122 Sten. Ber. Bd. XII S. 465 ff.) ist ein Antrag des Abgeordneten Dr. Casselmann zu erwähnen, durch den die Bitte der Krone unterbreitet wurde, die Zustimmung der Vertreter Bayerns im Bundesrat zu einem die Ergänzung des § 152 der Gewerbeordnung bezielenden Gesetzentwurfe zu veranlassen. Dieser Antrag wurde in der Kammer der Abgeordneten angenommen, von der Kammer der Reichsräte jedoch abgelehnt, nachdem der Referent von Auer erklärt hatte, er halte es nicht für angängig, Dinge, die eigentlich im Reichstag zum Austrag zu bringen seien, auch in den Partikular-Landtagen zu verhandeln und eine Einwirkung auf die Abstimmung des Reichstags, wie auch die Abstimmung des Bundesrats dadurch zu erzielen, daß man die Staatsregierung ersuche, in gewisser Richtung ihre Stimme abzugeben; dadurch würde die Entscheidung von Reichsangelegenheiten vom Reichstag und Bundesrat in die Partikular-Staatenvertretung verlegt.

f) Unter den Verhandlungen des Jahres 1899 (IV. Session des 32. Landtags (vgl. Repert. S. 264) erscheint ein Antrag Lutz, der an die Staatsregierung das Ersuchen richtet, im Bundesrat dahin zu wirken, daß die Privatnotenbanken als selbständige Banken im vollen Umfang erhalten bleiben, und daß diesen Banken in Bezug auf den Diskontsatz keine beschränkende und ihre Existenz gefährdende Bestimmungen auferlegt werden. Die Staatsregierung billigte die Tendenz des Antrags; er wurde auch in der Kammer der Abgeordneten angenommen, die Kammer der Reichsräte ging, nachdem er schon seine materielle Erledigung gefunden hatte, über denselben zur Tagesordnung über.

g) Ein Antrag des Abgeordneten Beckh und Genossen, die Staatsregierung zu bitten, im Bundesrate dahin zu wirken, daß baldigst ein Fleischbeschaugesetz zustande komme, wurde von der Abgeordnetenkammer während der Verhandlungen des Landtags von 1899/1900 (Repert. S. 155) angenommen. In der Reichsratskammer (Prot. Bd. I S. 130 ff.) wurden von Reichsrat von Auer ähnliche Bedenken gegen die Zulässigkeit der Behandlung von Materien im Landtage, die an sich dem Reichstage zufielen, geäußert, wie bei einer ähnlichen Bitte während der Verhandlungen des Jahres 1897/98; die Staatsregierung hatte gegen die Annahme des Antrags keine Erinnerung; nachdem der Referent Reichsrat von Lindenfels erklärt hatte, es handle sich hier, wie schon öfter, nicht um ein Eingreifen des Landtags in die Rechte des Reichstags, sondern um eine Bitte an die Staatsregierung, wie sie sich in dem betreffenden Falle verhalten möge, wurde dem Beschluß der Kammer der Abgeordneten die Zustimmung erteilt.

Im Folgenden sei des Näheren ein Antrag des Abgeordneten von Vollmar, die außerordentlichen Gewalten des Statthalters in Elsaß-Lothringen betreffend, besprochen, der eine grundsätzliche Aussprache über Wesen und Umfang des Petitionsrechts in Reichsangelegenheiten im Gefolge hatte (Verh. d. K. d. Abg. 1899/1900 Bd. I S. 972 ff.). Der Antrag Vollmar lautete: „Die Kammer wolle beschließen, es sei die Staatsregierung zu ersuchen, im Bundesrat dahin zu wirken, daß die außerordentlichen Gewalten des Statthalters im Reichsland aufgehoben werden und daß Elsaß-Lothringen in Bezug auf Gesetzgebung und Verwaltung endlich volle Rechtsgleichheit mit den übrigen Bundesstaaten erhalte". Hiezu war ein weiterer Antrag Geiger eingereicht, der der Auffassung Ausdruck verlieh, daß die Kammern zwar berechtigt seien, in Bezug auf jene zur Zuständigkeit des Bundesrats und des Reichstags gehörigen Gegenstände, welche mit den Verhältnissen Bayerns oder bayerischer Staatsangehöriger im Zusammenhang stehen, ihre gemeinsamen Wünsche dem König vorzubringen, daß dieser notwendige Zusammenhang jedoch bezüglich des Antrags von Vollmar nicht bestehe, weshalb über denselben zur Tagesordnung überzugehen sei. Die Staatsregierung ließ durch den Staatsminister von Crailsheim eingehend ihren Standpunkt darlegen und kam zur Verneinung der Zuständigkeit des Landtags zur Behandlung der Angelegenheit. Das Recht der Antragstellung nach Tit. VII § 19 sei kein unbeschränktes, sondern bestehe nur insoweit, als es sich um ein Gebiet handelt, auf welchem dem Landtag das Recht der Mitwirkung gesetzlich zugewiesen ist; die Staatsregierung habe die Grenzen dieses Wirkungskreises niemals engherzig geltend gemacht, sondern auch Anträge an die Krone als zulässig anerkannt, deren Inhalt den Wirkungskreis des Landtags nicht direkt und unmittelbar berührte, sondern nur in einen mehr oder minder nahen Zusammenhang stände. Der vorliegende Antrag betreffe eine Reichsangelegenheit, er bezwecke die Regelung der inneren Verhältnisse in Elsaß-Lothringen; diese habe gar keine Rückwirkung auf Bayern, auf die bayerische Landesverfassung und Landesgesetzgebung. In Reichsangelegenheiten dagegen müsse die Grenze eingehalten werden, welche die Verfassung dem Wirkungskreis des Landtags zieht. Anträge in Reichssachen müssen daher wenigstens in einem gewissen Zusammenhang stehen mit denjenigen Gebieten, auf welchen eine verfassungsmäßige Mitwirkung des Landtags besteht. Dieser Fall sei jedoch hier nicht gegeben. Abgeordneter Geiger begründete seinen Antrag auf Uebergang zur Tagesordnung, unter Hervorhebung der gleichen Gesichtspunkte, wie der Staatsminister von Crailsheim; in allen den Gegenständen, welche bisher zu dem Wirkungskreis des Landtags gehörten, und nunmehr auf Grund der Reichsverfassung dem Reiche übertragen worden sind, nähme der Landtag für sich das Recht in Anspruch, seine Wünsche und Meinungen der Regierung bekannt zu geben und daran auch Anträge zu knüpfen, der vorliegende Antrag schlage jedoch keineswegs in das Gebiet des bisherigen Wirkungskreises des Landtags ein und sei daher rechtlich nicht zulässig. Der Antrag Geiger wurde denn auch angenommen (a. a. O. S. 977).

h) Aus den Verhandlungen des Jahres 1903/04 sei beiläufig auf einen Antrag des Abgeordneten Nißler hingewiesen mit einer Bitte an die Staatsregierung um Veranlassung einer Abänderung des Reichsgesetzes über die Gründung und Verwaltung des Reichsinvalidenfonds beim Bundesrat; der Antrag wurde ohne formelle Bedenken verbeschieden (Repert. S. 381 ff.). Während des Landtags 1903/04 führte ein Antrag des Abgeordneten Segitz, der den Erlaß von Arbeiterschutzbestimmungen zum Gegenstand hatte, zur Erörterung des Rechts auch auf diesen Gebieten, die an sich durch die Reichsgesetzgebung, insbesondere die Gewerbeordnung geregelt werden, Wünsche und Anträge an die Staatsregierung stellen zu können. Gleichzeitig enthielt dieser Antrag die Bitte an die Staatsregierung, die Arbeitsverhältnisse in Staatsbetrieben nach bestimmt formulierten Gesichtspunkten im Verordnungswege zu regeln; die Zulässigkeit des Antrags mit Rücksicht auf das ausschließliche Verordnungsrecht der Krone wurde trotzdem nicht bestritten (Verh. d. K. d. Abg. 1903/04 Sten. Ber. Bd. I S. 822). Gegen den Antrag Segitz wurden nicht sowohl Bedenken vom Gesichtspunkt des Petitionsrechtes der Stände, als der allgemeinen Inkompetenz der Einzelstaaten zur Festsetzung von Normen über den Gewerbebetrieb und über den Arbeiterschutz geltend gemacht (a. a. O. S. 840). Aehnliche Erwägungen wurden in der Kammer der Reichsräte anläßlich der Verhandlung über den Antrag Oswald (Repert. 1905/06 S. 202), der die Staatsregierung um Erlaß von Maßnahmen zum Schutze der Heimarbeiter unter näherer Ausführung der dabei zu berücksichtigenden Grundsätze ersuchte, ausgesprochen. (Verh. d. K. d. R. 1905/06 Prot. Bd. I S. 165.)

i) Ein Antrag Dr. Casselmann und Genossen aus den Verhandlungen des Landtages 1905/06 (Repert. S. 110), an die Krone die Bitte zu richten, die bayerischen Vertreter im Bundesrat anzuweisen, der Einführung der Fahrkartensteuer für das Reich ihre Zustimmung zu versagen, wurde aus materiellen Gründen abgelehnt, die Zulässigkeit des Antrags jedoch nicht in Frage gestellt.

k) Als den Abschluß dieser Streitfrage, inwieweit der Landtag kraft seines Petitionsrechtes auf die Stellung der Regierung in Reichsangelegenheiten einwirken könne, eine Frage, die anfangs sowohl innerhalb der Kammer der Abgeordneten, als auch zwischen dieser und der Kammer der Reichsräte kontrovers war, kann man den Antrag des Abgeordneten Dr. Müller und Genossen während der Landtagssession 1905/06 (Repert. S. 381) bezeichnen, der nachstehenden Inhalt hatte.: Die Kammer wolle beschließen, an S. K. H. den Prinzregenten die Alleruntertänigste Bitte zu richten, das königliche Staatsministerium anzuweisen, bei der Instruktion der bayerischen Bundesratsbevollmächtigten auf Zustimmung zu Reichsgesetzen, durch welche die bayerische Verfassungsurkunde, oder ein bayerisches Verfassungsgesetz geändert wird, möglichst in Einvernahme mit dem bayerischen Landtag vorzugehen." (Vgl. Verh. d. K. d. Abg. 1905/06 Sten. Ber. Bd. VI S. 273 ff.). Anlaß zu diesem Antrag gab das Reichsgesetz über die Diäten, das in Art. VI bestimmt, daß Mitglieder des Reichstags in ihrer Eigenschaft als Mitglieder des Landtags keine Diäten beziehen dürfen für die Tage, an welchen Sitzungen im Reichstag stattfinden und daß dieselben dort einen Abzug erhalten; dadurch erfuhr das neue Landtagswahlgesetz nicht nur eine Abänderung, sondern ist in Art. 36 geradezu aufgehoben. Abgeordneter Müller begründete den Antrag dahin, die Instruktion der Bevollmächtigten beim Bundesrat durch die Krone sei ein Regierungsakt, dieser erfolge durch den Landesherrn unter der politischen Verantwortlichkeit des Ministeriums, da jedoch das Ministerium dem Landtag gegenüber nach Maßgabe der Instruktion verantwortlich sei, habe der Landtag das Recht, das Ministerium in dieser und jener Richtung zu fragen, warum die Bevollmächtigten beim Bundesrat in diesem oder jenem

Sinne instruiert worden sind; es sei im Interesse des Reichsgedankens, wenn an die Regierung die Bitte und der Wunsch gerichtet werde, bei allen Fällen, in denen durch die Reichsgesetzgebung Aenderung der Landesgesetze herbeigeführt werden, mit dem bayerischen Landtag in Fühlung zu treten. Staatsminister von Feilitzsch verwies auf die früher abgegebenen Erklärungen der Regierung in Sonderheit auf die Aeußerung des Staatsministers von Crailsheim, aus denen hervorgehe, daß die Instruktion der Bundesratsbevollmächtigten nach dem freien Ermessen der Regierung erfolge, daß zwar die Staatsregierung großen Wert darauf lege, bei Abgabe des Votums etwa bestehende Wünsche des Landtags nach Tunlichkeit zu berücksichtigen, daß jedoch andererseits die vorherige Einholung der Ansicht der Kammer wegen der nötigen Geheimhaltung der Verhandlungen des Bundesrats vielfach praktisch unmöglich sei. Abgeordneter Geiger führte in diesem Zusammenhang aus, es sei zu unterscheiden zwischen jenen Gegenständen, welche, wenn ihre Regelung in Bayern erfolgt, der Zustimmung des Landtags nicht bedürfen, wenn also eine sogenannte Regierungssache im engeren Sinn vorliege, und solchen, zu denen die Zustimmung des Landtags nötig wäre, wenn in Bayern über dieselben Bestimmungen getroffen werden sollten, weiter solchen Gegenständen, die geeignet sind, die Verfassungsurkunde oder ein Verfassungsgesetz abzuändern oder zu ergänzen; endlich seien hievon zu unterscheiden jene Angelegenheiten des Bundesrats, in welchen Reservatrechte berührt werden und solche ganz oder teilweise aufgehoben werden sollten. Die Staatsregierung sei der Anschauung gewesen, und dies halte er für richtig, daß die Instruktion der Bundesratsbevollmächtigten rein administrativer Natur ist und daß eine Uebereinstimmung des Votums der Bundesratsbevollmächtigten mit den Anschauungen des Landtags eines der Bundesstaaten durchaus nicht erforderlich ist. Da jedoch in allen Angelegenheiten, welche die bayerischen Verfassungsverhältnisse betreffen, die Staatsregierung dem Landtag verantwortlich ist und diese Verantwortung auch von der Staatsregierung anerkannt worden sei, so müsse verlangt werden, daß in allen Gegenständen, nicht nur bei solchen, bei denen es sich um Abänderung der Reichsverfassung handle in dem Sinne, daß ein Reservatrecht preisgegeben werde — in welchem Falle die Notwendigkeit der Erholung der Zustimmung des Landtags von der Staatsregierung zugegeben worden sei, — zuvor die Zustimmung des Landtags erholt werde. Der Antrag Müller wurde angenommen.

6. In den Verhandlungen der Kammer der Abgeordneten in den 90er Jahren kehren stets in dieser oder jener Fassung Anträge wieder, die eine Abänderung des Landtagswahlgesetzes zum Zwecke haben. Dieselben enthalten in der Form eines Ersuchens an die Staatsregierung stets die Bitte um Vorlage eines neuen Wahlgesetzes, wobei zugleich von den verschiedenen Antrag-

stellern — je nach ihrer Parteizugehörigkeit — bestimmte Gesichtspunkte formuliert sind, nach denen das Wahlgesetz ausgestaltet werden sollte; die rechtliche Zulässigkeit aller dieser Anträge, auf die im Einzelnen einzugehen, keine Veranlassung besteht, kann nach dem Initiativgesetz von 1848 Art. IV nicht in Zweifel gezogen werden, nachdem es sich um einen Gegenstand handelte, der die Kammer der Abgeordneten berührte. Rechtliche Bedenken walteten stets nur ob über die Möglichkeit einer Verfassungsänderung, welche notwendig mit der Aenderung des Wahlgesetzes verbunden war, während der bestehenden Regentschaft. Diese letztere Frage wurde, wie sich aus der schließlich im Jahre 1906 erfolgten Aenderung des Wahlgesetzes ergibt, in bejahendem Sinn beantwortet.

7. Im folgenden haben wir noch in Kürze einen Antrag des Abgeordneten von Vollmar zu besprechen, dahin lautend: die Kammer wolle beschließen, es sei an die Staatsregierung das Ersuchen zu richten, die Begnadigungsgesuche der wegen Haberfeldtreibens rechtskräftig verurteilten Personen je nach Beschaffenheit der einschlägigen Verhältnisse in möglichst weitgehendem Maße wohlwollend zu würdigen. Von Vollmar begründete die Zulässigkeit dieser Bitte, indem er ausführte, die Ausübung des Begnadigungsrechtes sei nach der Verfassung zwar ein persönlicher Akt des Trägers der Krone; aber er sei nicht mehr und nicht weniger, wie jede andere Regierungshandlung, welche die Verfassung dem Staatsoberhaupt zuweist: ein persönlicher Akt des Trägers der Krone; alle Handlungen der Krone treten aber erst durch die Mitwirkung der beteiligten Minister staatsrechtlich in Wirksamkeit, welche dadurch die Verantwortung übernehmen. Damit sei aber auch das Recht der Kritik, der Willensäußerung und der Einflußnahme des Landtags gegeben. Justizminister Freiherr von Leonrod bestritt jegliche Möglichkeit der Einwirkung des Landtags auf die vorwürfige Angelegenheit, die Begnadigung sei ein höchst persönliches Recht der Krone und daher weder direkt noch indirekt den Wirkungskreis der Kammern des Landtags berührend. Abgeordneter Dr. Günther hielt die Kompetenz des Landtags für gegeben; denn die Minister seien die natürlichen Vermittler zwischen den gesetzgebenden Faktoren der beiden Häuser des Landtags und dem höchsten gesetzgebenden Faktor und es müsse deshalb die Möglichkeit gegeben sein, sich an letzteren zu wenden, dies könne nur dadurch geschehen, daß die Minister gebeten würden, unmittelbare Wünsche eines der beiden Häuser des Landtags vor jene Instanz zu bringen. Diese Ausführungen erscheinen gegenüber den Bestimmungen der Verfassungsurkunde über das Petitionsrecht und dessen Beschränkung auf den ständischen Wirkungskreis rechtlich ebensowenig haltbar, wie diejenigen des Abgeordneten von Vollmar (Verh. d. K. d. Abg. 1897/98 Sten. Ber. Bd. IX S. 825 ff. Reper. S. 158).

8. Wir haben schon früher bei der Darstellung der Verhandlungen in beiden Kammern öfters die Frage gestreift, inwieweit es

dem Landtag kraft seines Petitionsrechtes zukommt, zu Gegenständen, die an sich in das Gebiet der Regierungstätigkeit gehören, Stellung zu nehmen. Grundlegend für die Rechtsauffassung während der letzten 20 Jahre sind auch in dieser Richtung die Ausführungen des Reichsrats Dr. von Neumayr gewesen, der das Petitionsrecht des Landtags überall da nicht bestritt, wo auch nur ein mittelbarer Zusammenhang mit dem Wirkungskreis des Landtags gegeben ist. In der Landtagssession von 1899/1900 kam anläßlich einer Petition des Darlehenskassenvereines Beuerberg (Repert. S. 446), um Gleichstellung der Tarife auf der Isartalbahn mit den Tarifen der staatlichen Lokalbahn diese Frage zur Besprechung (Verh. d. K. d. Abg. Bd. IV S. 504 ff. S. 548 ff.). Zu der materiellen Seite des Antrags sei hier erläuternd bemerkt, daß bei Gelegenheit der Konzessionierung der Lokalbahngesellschaft für die Strecke München-Wolfratshausen-Kochel zwischen der königlichen Staatsregierung und der genannten Gesellschaft ein Tarifabkommen abgeschlossen wurde, wodurch eine Konkurrenz dieser Eisenbahngesellschaft mit der Staatsbahn ausgeschlossen werden sollte. Die fragliche Petition hatte die Abänderung dieses Vertrages zum Zweck. Jedoch schon im Petitionsausschuß der Kammer der Abgeordneten wurde der Antrag aus formellen Gründen nicht für geeignet zur Behandlung in der Kammer der Abgeordneten angesehen, da der Gegenstand keiner von denen sei, welche den Wirkungskreis des Landtags berühren. Staatsminister Dr. von Crailsheim schloß sich der Auffassung des Petitionsausschusses in vollem Unfang an (a. a. O. S. 507). „Die Konzessionierung von Privatbahnen ressortiert ausschließlich zur Staatsregierung und erfolgt ohne Mitwirkung des Landtags; wie viel mehr erst die Feststellung der Tarife auf einer Privatbahn; dieser Gegenstand ist reine Verwaltungssache und kann daher nicht vom Landtag behandelt werden.“ Der Abgeordnete Geiger trat der Auffassung des Ministers entgegen (a. a. O. S. 537), glaubte in der Petition, die er für das Plenum reklamiert habe, eine Bitte erblicken zu dürfen, die an die Kammer zu richten jedem Staatsbürger zustehe. Staatsminister von Crailsheim erklärte demgegenüber (a. a. O. S. 548), daß es zwar jedem Staatsbürger zustehe, eine Petition an den Landtag einzureichen, ein Recht, das, wie Max von Seydel sich ausdrücke, gleichbedeutend sei mit dem Recht, einen Brief an den Landtag zu schreiben. Daraus folge jedoch nicht auch das Recht des Landtags über jeden derartigen Gegenstand einen materiellen Beschluß zu fassen, denn dem stehe immer noch die Bestimmung des Tit. VII § 19 entgegen, die die Beratung und Beschlußfassung auf die Gegenstände des eigentlichen Wirkungskreises des Landtags beschränkt.

b) Während der Verhandlungen des Landtags 1901/02 hatte die Kammer der Abgeordneten einen eingehend spezialisierten Antrag angenommen, in dem an die Staatsregierung das Ersuchen gerichtet war, bei Vergebung von Arbeiten auf Kosten des Staates eine Reihe von Grundsätzen zu berücksichtigen, die in diesem Antrag in Einzelheiten aufgezählt waren; zugleich wurde um eine Revision der Instruktion über die Verakkordierung der Staatsbauarbeiten vom 7. September 1864 nachgesucht, die auch nach besonders formulierten Gesichtspunkten herbeizuführen sei (Repert. 1901/02 S. 15 Verh. d. K. d. Abg. Sten. Ber. Bd. VI S. 418 ff.). Der Antrag wurde in der Kammer der Abgeordneten angenommen, die Kammer der Reichsräte ging jedoch über denselben gemäß dem Antrag ihres Ausschusses zur Tagesordnung über, da sie die Zuständigkeit des Landtags nicht für gegeben ansah (vgl. Verh. d. K. d. R. 1901/02 B. Bd. II S. 119 ff. Prot. Bd. II S. 80). Der Referent von Hertling erklärte, daß mit Rücksicht darauf, daß das Petitionsrecht des Landtags kein unbeschränktes sei, sondern auf seinen Wirkungskreis beschränkt bleiben müsse, der Antrag abzulehnen sei, da die Erlassung von Submissionsvorschriften eine reine Regierungshandlung sei und diesen Wirkungskreis der Stände nicht berühre. Reichsrat von Auer vertrat einen ähnlichen Standpunkt; es handle sich hier um eine reine Verwaltungsmaßregel, ein Mitregieren stände den Kammern nicht zu; die Frage der Submission sei eine so schwierige und eigne sich nicht zur Beratung durch eine parlamentarische Körperschaft. Staatsminister von Feilitzsch machte dagegen geltend, derartige Beschlüsse seien schon oft von dem Landtag gefaßt worden; was die Kammer wünsche, sei die Revision der Instruktion über die Verakkordierung von Staatsbauarbeiten, die Erlassung solcher Instruktionen sei zwar Sache der Staatsregierung, der Aeußerung von Wünschen in dieser Richtung durch den Landtag werde von Seite der Staatsregierung nicht entgegengetreten. Diesen Beschluß bekämpfte der Abgeordnete Geiger in der Kammer der Abgeordneten sehr lebhaft (Verh. d. K. d. Abg. 1901/02 Sten. Ber. Bd. VII S. 636 ff.). Die Rechtsausführungen des Abgeordneten Geiger stützen sich vor allem auf das Referat des Reichsrates von Neumayr aus dem Jahre 1886, der das Petitionsrecht des Landtags dann als gegeben angesehen habe, wenn der Gegenstand der Petition mit dem Wirkungskreis des Landtags in irgend einem, sei es mittelbar oder unmittelbar, direktem oder indirektem, näheren oder ferneren Zusammenhang stehe. Ein solcher Zusammenhang bestehe im vorliegenden Falle; denn es handle sich bei ihm um die Bewilligung von Staatsgeldern zum Zwecke staatlicher Arbeiten, zum Zwecke von Lieferungen an den Staat, zum Zweck der Herstellung von staatlichen Bauten; über die Verwendung dieser Gelder stehe es dem Landtag wohl zu, Wünsche und Anträge auszusprechen; die Verfassung sei seit dem Jahre 1818 in steter Weise fortgeschritten, habe sich weiter ausgestaltet und damit habe sich auch der Wirkungskreis des Landtags vergrößert und mit ihm habe das Petitionsrecht des Landtags eine Erweiterung erfahren. Deshalb müsse im Zweifel für die Landtagsrechte entschieden werden, wenn eine Beschränkung der Krone dadurch nicht herbeigeführt würde.

c) Aus den Verhandlungen des Landtags 1901/02 sei noch auf einen Beschluß der Kammer der Abgeordneten hingewiesen (Repert. S. 215), dahingehend, es sei an die Regierung die Bitte zu stellen, Israeliten nur im Verhältnis der israelitischen Bevölkerung zur Gesamtbevölkerung in die Justizverwaltung aufzunehmen. Dieser Beschluß fand nicht die Zustimmung der Kammer der Reichsräte (vgl. Prot. Bd. II S. 51 ff. Beil. Bd. II S. 107 ff.). Nach einem Hinweis Seiner Königlichen Hoheit des Prinzen Ludwig von Bayern, daß die Anstellung der Beamten, die Besetzung der Richterstellen ein Recht der Krone sei, wurde über den Antrag zur Tagesordnung übergegangen.

d) Daß bis in die neueste Zeit besonders die Frage, inwieweit das Petitionsrecht des Landtags auf das Gebiet der Verwaltungstätigkeit der Regierung hinübergreifen könne, noch keineswegs ihrer Lösung zugeführt ist, darüber geben die Verhandlungen zu Beginn des Jahres 1908 noch näheren Aufschluß und zeigen, welche verschiedenen Auffassungen noch heute in beiden Kammern vertreten werden.

Zwei Anträge bildeten die Veranlassung zu prinzipiellen Aussprachen über unsere Streitfrage, von der wir, wie wir gesehen haben, mit Recht sagen dürfen, daß sie so alt ist, als das parlamentarische Leben selbst in Bayern.

Am 5. Februar 1908 lag der Reichsratskammer ein von der Kammer der Abgeordneten am 21. Dezember 1907 gefaßter Antrag folgenden Inhalts vor:

„Es sei die Königliche Staatsregierung zu ersuchen, am 1. Januar 1908 unabhängig von den üblichen Lohnvorrückungen, jedoch unter Einrechnung der inzwischen vom Landtag beschlossenen Lohnerhöhungen für alle in Staatsbetrieben gegen Taglohn beschäftigten Arbeiter und Arbeiterinnen eine Lohnzulage von mindestens zwanzig Pfennig pro Tag eintreten zu lassen."

Der Referent der Kammer der Reichsräte führte in der Sitzung vom 5. Februar 1908 (vgl. Verh. d. K. d. R. 1907/08 Bd. I S. 156 ff.) aus, er halte es für unzulässig, durch derart eingehende Anträge tief in das Bestimmungsrecht des Staates als Arbeitgeber einzugreifen, die vorgeschlagene Lohnerhöhung von 20 Pfg. in dieser generellen Fassung sei undurchführbar, weshalb es der Regierung überlassen bleiben müsse, hier das rechte Maß zu treffen, ihre Etats aufzustellen und dann die nötigen Mittel vom Landtag zu verlangen. Deshalb habe der Ausschuß nachstehenden Antrag formuliert, dessen Annahme er empfehle:

> „In der Erwägung, daß es der Königlichen Staatsregierung überlassen bleiben muß, Zeit und Umfang notwendiger Lohnerhöhungen selbst zu bestimmen, insbesondere eine schablonenmäßige Erhöhung, wie die vorgeschlagene,

zu Bedenken Anlaß gibt, und im Vertrauen, daß die Königliche Staatsregierung wie bisher und auch künftig der Verteuerung der Lebensmittel durch entsprechende Lohnerhöhung in ihren Etats Rechnung tragen wird, geht die Kammer der Reichsräte über den Beschluß der Kammer der Abgeordneten vom 21. Dezember 1907 zur Tagesordnung über."

Reichsrat Dr. Freiherr von Soden beantragte dagegen, die Worte,

„daß es der Königlichen Staatsregierung überlassen bleiben muß, Zeit und Umfang notwendiger Lohnerhöhungen selbst zu bestimmen, insbesondere eine schablonenmäßige Erhöhung wie die vorgeschlagene, zu Bedenken Anlaß gibt, und im Vertrauen"

zu streichen, die übrige Fassung dagegen anzunehmen, während Reichsrat Dr. von Abert für die Annahme des Antrags der Kammer der Abgeordneten eintrat.

Die nachfolgende Debatte führte zu einer Aufrollung der prinzipiellen Frage über den Umfang des Petitionsrechtes und gab zugleich auch der Regierung Gelegenheit, sich zu der Streitfrage zu äußern.

Reichsrat Freiherr von Soden wies darauf hin, daß es nach der Begründung, die zu dem Antrag des Ausschusses gegeben worden sei, den Anschein habe, als habe der Landtag hier nichts mitzureden, wovon jedoch keineswegs gesprochen werden könne.

Staatsminister von Pfaff erklärte, was die formelle Seite des Antrages anlangte, bestehe kein Zweifel, daß die Festsetzung der Löhne der einzelnen Arbeiter Sache der Königlichen Staatsregierung sei innerhalb der Grenzen der Bewilligung seitens des Landtags. Das schließe aber nicht aus, daß auch in dieser Beziehung Wünsche an die Regierung gebracht und daß auch diese Wünsche näher präzisiert werden. Das sei in dem Antrag der Kammer der Abgeordneten geschehen, worauf die Regierung erklärt habe, daß sie sich mit dem Grundgedanken des Antrags, die Lage der Arbeiter zu verbessern, vollkommen einverstanden erklären könne, daß sie aber hinsichtlich der Art der Durchführung dieses Antrags sich in gewissem Umfang freie Hand vorbehalten müsse, da ihr eine buchstäbliche Durchführung dieses Antrages nicht möglich sei. Es bestand hienach keinerlei Anlaß, diesem Antrag entgegenzutreten.

Der II. Präsident der Kammer der Reichsräte vertrat den entgegengesetzten Standpunkt. Die Beschränkung des Petitionsrechtes des Landtags auf den Wirkungskreis desselben verlange eine Feststellung, ob der vorliegende Gegenstand — hier die Regelung der Lohnverhältnisse — zu dem Wirkungskreis des Landtags gehört; es könne nun nicht bestritten werden, daß die Festsetzung der Löhne der Arbeiter nicht zur Kompetenz des

Landtags gehöre, weshalb auch das Petitionsrecht ausgeschlossen sei. Es sei unmöglich, die Petition des Landtags auf Erhöhung der Gehälter der Beamten, Geistlichen und Lehrer heranzuziehen zur Begründung des Antrages; denn die Arbeiter seien keine Staatsbediensteten, während die Gehälter der Beamten, Geistlichen und Lehrer von dem Landtag festgesetzt würden.

Dieser letzteren Argumentation wurde von seiten des Staatsministers von Pfaff mit der Bemerkung entgegengetreten, daß die Bewilligung der erforderlichen Mittel für die Arbeiter ebenso zum Wirkungskreis des Landtags gehöre, wie die Bewilligung der erforderlichen Mittel für die Beamten, Geistlichen und Lehrer.

Auch Staatsminister von Frauendorfer griff noch in die Debatte ein und stellte die Frage dahin: „Berührt die Festsetzung der Löhne der Staatsarbeiter den Wirkungskreis des Landtags?" eine Frage, die bejaht werden müsse; denn in den einzelnen Etats kehrten eine Reihe von Positionen für Arbeiterlöhne wieder, die der Landtag zu prüfen habe, bewilligen könne, ebenso wie er Streichungen vorzunehmen berechtigt sei. Hiemit sei der Zusammenhang zwischen dem Antrag und dem Wirkungskreis gegeben; daher könne der Landtag auch in dieser Richtung Wünsche und Anträge an die Regierung bringen und zwar nicht nur Anregungen allgemeiner Art, sondern auch spezialisierte Vorschläge. Die Kammer der Reichsräte nahm den Ausschußantrag mit 32 gegen 26 Stimmen an, womit die beiden anderen Anträge zu Fall gekommen waren.

Kurze Zeit nach diesen Verhandlungen kam die Frage über den Umfang des Rechtes der Wünsche und Anträge erneut in der Kammer der Reichsräte zur Sprache:

Es lag der Kammer der Reichsräte ein Beschluß der Kammer der Abgeordneten vom 23. Januar 1908 vor, der sich mit der Verbesserung der Lohn- und Arbeitsverhältnisse der in Staatsbetrieben beschäftigten Angestellten befaßte.

In dem Antrag wurde zunächst unter lit. A der Beschluß der Kammer der Abgeordneten aus dem Jahre 1906 (Sitzungen vom 9. u. 10 Juli 1906) einer Revision unterzogen und mit einigen Modifikationen erneut angenommen (Beschluß vom 9./10. Juli 1906 abgedr. in Verh. d. K. d. Abg. 1905/06 B. Bd. III S. 263 ff. Beilage 378).

In jenem nach dem Antrag des Abgeordneten Segitz angenommenen Beschluß wurde an die Staatsregierung das Ersuchen gerichtet, im Verordnungswege eine Anzahl genau formulierter Anordnungen bezüglich der Arbeitszeit, Dienstzeit und Ruhepausen der in den Staatsbetrieben beschäftigten Angestellten zu erlassen, die Lohnverhältnisse nach einem bestimmt vorgeschlagenen Lohnregulativ festzustellen, wobei die in dem Beschluß von 1906 vorgesehenen Grundlöhne (unt. III a 3) um je 20 Pfg. zu erhöhen seien, weitere Bestimmungen über Arbeitsordnungen,

Arbeiterausschüsse, Arbeiterschutz, Vergebung staatlicher Arbeiten, Benützung von Arbeitsnachweisen, Arbeitsstatistik und dergleichen zu verordnen.

Unter lit. B wurde die Staatsregierung gebeten, im Anschluß an die Beschlüsse unter A weitere Anordnungen zu erlassen, die sich mit der Erhöhung der Alterszulagen, der Regelung des Arbeitsverhältnisses, der Arbeits- und Urlaubszeit, der Arbeiterentlassungen und dergleichen befassen sollten.

Die Kammer der Abgeordneten war bei der Beschlußfassung über diese Anträge in eine Prüfung der Kompetenzfrage überhaupt nicht eingetreten.

Diese Frage wurde zuerst nach dem Referate des Reichsrats von Moy in des Kammer der Reichsräte und zwar in der Sitzung des vereinigten II. und III. Ausschusses vom 28. Februar 1908 aufgerollt (vgl. Augsb. Abendzt. v. 10. März 1908 2. Bl.).

Reichsrat Graf von Moy wies darauf hin, daß auch diejenigen, welche die Grenzen des Petitionsrechtes soweit als möglich gesteckt wissen wollten, diese Anträge nicht mehr als innerhalb dieses Petitionsrechtes gelegen anerkennen könnten. Aus der Zulassung angelegenheiten erwachse die Gefahr, daß in den Kammern eine zweite, eine Nebenregierung entstehe, welche noch dazu unverantwortlich sei, ein Zustand, dem eine wirkliche parlamentarische Regierung vielleicht sogar noch vorzuziehen sei.

Reichsrat Freiherr von Würtzburg wies auf die Grundlage des Petitionsrechtes in § 19 Titel VII der Verfassungsurkunde hin, wonach keineswegs ein unbeschränktes Petitionsrecht anzuerkennen sei, nach dem vielmehr ein solches Recht nur in Ander Einmischung des Landtags in die inneren Verwaltungsspruch genommen werden könne in Bezug auf solche Gegenstände, die zum Wirkungskreis des Landtags gehörten.

Zweck dieser Bestimmung sei, zu verhindern, daß der Landtag sich durch Beschlußfassung über Petitionen in Dinge einmische, die nach der Verfassung der freien Regierungstätigkeit allein überlassen seien. Nach der bayerischen Verfassung sei die Krone in Ausübung der Staatsgewalt nur so weit beschränkt, als dies aus den Bestimmungen der Verfassungsurkunde unzweifelhaft hervorgehe, und stünden dem Landtage nur diejenigen Rechte zu, die ihm durch die Verfassung und andere Gesetze ausdrücklich eingeräumt seien. Im Zweifelsfalle spreche die Vermutung für die Unbeschränktheit der Krone und gegen die Zuständigkeit des Landtages. Die hier beantragten Maßregeln gehören zweifellos in das Gebiet der vollziehenden Gewalt, auf dem grundsätzlich die Mitwirkung der Volksvertretung ausgeschlossen und nur in einzelnen, ausdrücklich bezeichneten Fällen, eingeräumt ist. Der Landtag habe kein unbeschränktes Bewilligungs- oder Verweigerungsrecht und von diesem Gesichtspunkte aus müsse auch die Frage seines Petitionsrechtes beurteilt werden. Auch aus dem Umstande, daß der Gegenstand einer Petition mit dem Budget im Zusammenhang stehe, könne seiner Ansicht nach nicht ohne weiteres die Berechtigung des Landtages zur Stellung beliebiger selbständiger Anträge gefolgert werden. Hierdurch würde der Landtag allmählich auf einem Umwege eine allumfassende Kontrolle über die gesamte Staatsverwaltung erhalten, was aber nicht der bayerischen Verfassung und überhaupt nicht dem Begriff einer deutschen konstitutionellen Monarchie entspreche. Reichsrat Dr. Graf Crailsheim führte demgegenüber aus: „Gewiß sei der Landtag in seinem Petitionsrecht nicht unbeschränkt, sondern könne dieses Recht nur in Bezug auf seinen Wirkungskreis ausüben. Aber auch innerhalb seines Wirkungskreises könne er zu weit gehen und Wünsche vorbringen, die so tief in das Gebiet der Exekutive eingreifen, daß die Staatsregierung Veranlassung zu der Erklärung habe, es müsse in dieser Richtung die Initiative ihr überlassen bleiben. Wenn darauf hingewiesen werde, wie schleppend sich die formale Behandlung eines solchen Antrags gestalte, so sei das ja richtig. Allein wenn der Landtag innerhalb seines Wirkungskreises einen Wunsch äußere, so könne die schleppende Geschäftsbehandlung keinen Grund abgeben, dessen Zuständigkeit zu verneinen. Es sei grundsätzlich davon auszugehen, daß das Petitionsrecht des Landtages sich auf die seinen Wirkungskreis bildenden Gegenstände erstrecke. Reichsrat von Neumayr komme in seinem viel erwähnten Gutachten zu dem Schlusse, daß die Zuständigkeit des Landtags auch in denjenigen Fällen gegeben sei, in welchen ein Zusammenhang mit dem Wirkungskreis des Landtages bestehe. Dieses Prinzip sei auch von der Regierung anerkannt und man werde heute zu einer Einschränkung des Grundsatzes sich wohl nicht verstehen können. Ueber die Anwendung dieses Grundsatzes auf einzelne Fälle könnten ja Zweifel entstehen, doch dürfe man das durch die Praxis geschaffene Gewohnheitsrecht nicht außer acht lassen. Die Verfassung gebe in ihren sehr knappen Bestimmungen gewissermaßen nur den Rahmen und überlasse die Ausführung desselben der Praxis, dem Gewohnheitsrecht und der Wissenschaft. Allerdings könne das Gewohnheitsrecht nicht dazu führen, eine Verfassungsbestimmung außer Wirksamkeit zu setzen, wohl aber könne durch das Gewohnheitsrecht eine Lücke in der Verfassung ausgefüllt und ebenso eine unklare Verfassungsbestimmung interpretiert werden. Der Ansicht des Freiherrn von Würtzburg, daß das Petitionsrecht der Kammern dann keine Anwendung finde, wenn der Gegenstand lediglich einen Einfluß auf das Budget äußere, vermöge er nicht zuzustimmen; denn das Budget bilde die Grundlage für die Steuerbewilligung und infolgedessen müsse auch das Recht des Landtages anerkannt werden, Ausgaben, welche eine Erhöhung des Budgets zur Folge haben, von sich aus zu beantragen. Andererseits sei aber die Regierung natürlich an die vom

Landtag bewilligten Ausgabeposten nicht gebunden. Er gebe vollständig zu, daß es nicht wünschenswert erscheine, wenn auf dem Wege der Budgetbewilligung der Landtag sich allzusehr in die Exekutive einmische; allein die Verfassung setze in dieser Richtung keine absoluten Schranken, wohl aber könne die Reichsratskammer dazu mitwirken, daß ein entsprechendes Maß nicht überschritten werde. In den vorliegenden Beschlüssen der Kammer der Abgeordneten sei der Grundsatz, daß es nicht zweckmäßig sei, wenn der Landtag sich allzu sehr in Einzelheiten der Verwaltung einmische, außer acht gelassen und deshalb stimme er dem Antrag des Referenten auf Uebergang zur Tagesordnung zu.

Die Auffassung des Reichsrats Dr. Grafen von Crailsheim fand die Billigung einer größeren Anzahl von Reichsräten, die sich gegen eine allzu enge Auslegung der Verfassungsbestimmungen über das Petitionsrecht des Landtags aussprachen.

Namens der Staatsregierung erklärte sich Minister von Frauendorfer mit den Darlegungen des Grafen Crailsheim einverstanden. Die Grenze des Wirkungskreises des Landtages sei in der Verfassung nicht scharf abgesteckt und nicht in jedem Falle klar erkennbar, die Staatsregierung habe deshalb die Zuständigkeitsfrage niemals engherzig urgiert und es habe sich im Laufe der Zeit eine — allerdings nicht gleichmäßige — Praxis herausgebildet, die auf einer ziemlich extensiven Auslegung des Begriffes beruhe. Auch nach Seydel könne das Petitionsrecht des Landtages gegenüber der Regierungstätigkeit dann geltend gemacht werden, wenn die Petition den Wirkungskreis des Landtages irgendwie auch nur berühre. Dafür, daß im Laufe der Zeit die Auslegung der fraglichen Verfassungsbestimmungen sich in der Richtung einer Erweiterung des Umkreises der Landtagszuständigkeit bewegt habe, ließen sich viele Beispiele anführen. Zuzugeben sei, daß im Landtag auch mehrfach Bestrebungen hervortreten, das Petitionsrecht auch in Fällen auszuüben, in welchen es zweifellos nicht gegeben ist, z. B. in Bezug auf Beseitigung des Diktatur-Paragraphen in Elsaß-Lothringen, auf Begnadigung der Haberer und auf das preußische Landtagswahlrecht. Auch in den vorliegenden Anträgen fänden sich einzelne Punkte, bei denen die Frage gestellt werden müsse, ob sie noch zum Wirkungskreis des Landtages gehören. In Fragen, die dem Petitionsrecht des Landtags zweifellos entrückt sind, sei die Staatsregierung gewiß berechtigt, die Unzuständigkeit des Landtags zu urgieren und ein materielles Eingehen auf die Sache abzulehnen. Freilich werde sie unter Umständen davon absehen, die Unzuständigkeit mit besonderem Nachdruck zu betonen, wie es sich je nach Lage des Falles auch als zweckmäßig erweisen könne, materiell auf den Gegenstand regierungsseitig einzugehen. Letzteres könne aus mancherlei Erwägungen sogar nützlich und geboten sein, so zur Beseitigung von Zweifeln über die Haltung der Staatsregierung oder zur Beruhigung und Aufklärung der Bevölkerung.

Es sei nur zu begrüßen und gewiß auch oft von Nutzen, wenn die Staatsregierung in ihrer Fürsorge für die Wohlfahrt des Landes von beiden Kammern durch eine in richtigen Grenzen sich bewegende Ausübung des Petitionsrechtes unterstützt werde. — Der Ausschuß der Kammer der Reichsräte nahm gemäß dem Antrag des Referenten Grafen Moy hierauf nachstehenden Antrag an:

„In der Erwägung, daß 1) für eine Reihe der in dem Beschluß vom 23. Januar 1908 enthaltenen Bestimmungen die Zuständigkeit des Landtages nicht gegeben ist, 2) daß der Beschluß im übrigen sich auf Einzelheiten der Lohn- und Arbeitsverhältnisse der Arbeiter in Militärbetrieben erstreckt, deren Regelung zunächst der Kgl. Staatsregierung vorzubehalten ist, 3) daß seitens der Militärverwaltung die Erklärung abgegeben wurde, es sollten sämtliche Anträge und Wünsche genauestens geprüft und, soweit möglich, berücksichtigt werden, daß hiernach ein weiteres Eingehen auf die einzelnen Anträge nicht mehr geboten erscheint, geht die Kammer der Reichsräte über den Beschluß der Kammer der Abgeordneten vom 23. Januar 1908 zur Tagesordnung über."

In der Sitzung der Kammer der Reichsräte vom 14. März 1908 (vgl. Verh. der K. d. R. R. 1907/08 Prot. Bd. I S. 263 ff.), kam der vorstehende Ausschußantrag im Plenum zur Verhandlung. Der Referent Reichsrat Graf von Moy vertrat seinen schon im Ausschuß dargelegten Standpunkt und beantragte die Annahme des Ausschußantrages. Auch Reichsrat Freiherr von Würtzburg trat für eine möglichst scharfe Umgrenzung und Beschränkung des Petitionsrechtes auf den eigentlichen Wirkungskreis des Landtags ein. Die stete Ausdehnung der Kompetenz des Landtags müsse dazu führen, daß durch die einzelnen Parteien stets die Wünsche und Interessen eines Teils des Volkes, statt der Gesamtheit vertreten würden. Im Gegensatz zu den Ausführungen des Reichsrates von Würtzburg widersprach Reichsrat Graf von Crailsheim entschieden einer zu engen Auslegung der gegebenen Verfassungssätze, die in ihrer Allgemeinheit erst durch die Wissenschaft und Praxis ihre richtige Ausgestaltung erfahren hätten. Die heutige größere Spezialisierung des Budgets ergebe für den Landtag die Möglichkeit, auf die Staatsverwaltung in immer größerem Maße einzuwirken. Durch die Annahme des Budgets werde die Regierung in den Ausgabepositionen, die im Budget vorgesehen sind, gebunden, während sie allerdings von Ausgaben, die nicht ins Budget ohne ihre Zustimmung aufgenommen worden seien, keinen Gebrauch zu machen brauche. Der enge Zusammenhang zwischen Budget und Wirkungskreis des Landtages bringe eben auch die Ausübung des Petitionsrechtes auf diesem Gebiete mit sich. — Das Ergebnis der Verhandlung war die Annahme des Ausschußantrages, nachdem noch von seiten des Staatsministers von Frauendorfer eine Regierungserklärung im Sinne der vorstehenden vom 28. Februar 1908 abgegeben worden war. Bald nach diesen Verhandlungen nahm die Kammer der Abgeordneten Gelegenheit, gegenüber den in den Sitzungen der Kammer der Reichsräte vom 5. Februar 1908 und 14. März 1908 zu Tage getretenen Auffassung über Wesen und Umfang des Petitionsrechtes des Landtags ihren Standpunkt zu präzisieren. Anlaß hiezu gab die Beratung über eine Reihe von Anträgen, die sich mit den in den Staatsbetrieben beschäftigten Arbeitern befaßten (vgl. Verh. d. K. d. Abg. 1907/08 Bd. IV S. 14 ff.).

Abgeordneter Geiger erklärte, wenn man dem Landtag das Petitionsrecht auf dem Gebiete der Regierungsverwaltung, dem Gebiet des Verwaltungsrechts und dem Gebiet des Verordnungsrechts entziehe, dann schrumpfe das Petitionsrecht auf ein sehr geringes Maß zusammen. Daß jedoch auch auf diesen Gebieten dem Landtag ein Petitionsrecht zustehe, könne, wenn auch früher die Ansichten schwankend gewesen seien, heute vor allem nach dem Gutachten des Reichsrates von Neumayr aus dem Jahre 1886 nicht mehr zweifelhaft sein. Es könne nicht bestritten werden, daß in allen Gebieten, die mit der Budgetierung zusammenhängen, auch das Petitionsrecht des Landtages bestehe; die Kammer der Abgeordneten habe aber auch stets die Meinung vertreten, daß auch jene Gegenstände, welche sich auf den Wirkungskreis des Landtages in Bezug auf Geld nicht beziehen, Gegenstand des Petitionsrechts werden können. Die Verfassungsurkunde habe nur knappe Bestimmungen hierüber gegeben, Aufgabe einer sinngemäßen Interpretation sei es, die Lücken durch gewohnheitsrechtliche Bildung auszufüllen, ohne daß dadurch die Verfassungsurkunde geändert werde.

Den gleichen Standpunkt vertrat der Abgeordnete Dr. Casselmann: Das Petitionsrecht sei zwar auf Titel VII § 19 an den Wirkungskreis des Landtages gebunden, zur Beurteilung der Frage der Zuständigkeit komme es jedoch wesentlich darauf an, wie weit der Rahmen dieser Verfassungsbestimmung gezogen werde, und ob man eine engere oder weitere Interpretation für richtig halte. Nach ständiger Praxis dürfe als Grundsatz aufgestellt werden, daß das Petitionsrecht dort nicht in Zweifel gezogen werden dürfe, wo es sich um Gegenstände handele, bei denen der Wirkungskreis des Landtages irgendwie mitberührt werde. Die Feststellung eines wenn auch nur indirekten Zusammenhanges müsse genügen, um das Petitionsrecht des Landtages in Kraft treten zu lassen. Abgeordneter Dr. Süßheim schloß sich den Vorrednern an und betonte die bedeutsame politische Seite des Antragsrechtes des Landtages.

Staatsminister von Frauendorfer vertrat den Standpunkt der Regierung, wie dies schon in den Sitzungen der Kammer der Reichsräte geschehen war; aus diesen Ausführungen, die sich mit den früheren decken, sei nur noch folgendes hervorgehoben, woraus die Rechtsauffassuug der Staatsregierung klar hervorgeht: „Es wäre eine Verkennung der Verhältnisse, wollte man sich hier rein an den starren Buchstaben der Verfassungsbestimmung vom Jahre 1818 anklammern; man muß die Tradition, die Praxis, sofern sie nur nicht in sich widerspruchsvoll ist, als Auslegungsbehelf gelten lassen; davon ausgehend, wird man sich auf dem rechten Weg befinden, wenn man dem Begriff „Wirkungskreis des Landtags" eine möglichst ausgedehnte Auslegung gibt; im Zweifel ist daher stets diejenige Auslegung als begründet zu erachten, die für das Petitionsrecht die günstigere ist.

So gaben die Verhandlungen der allerneuesten Zeit noch einmal Gelegenheit, sowohl die Auffassung der Staatsregierung, als auch der beiden Kammern des Landtags kennen zu lernen, und zwar gerade auf einem Gebiet, auf dem heute wohl noch am ehesten Meinungsverschiedenheiten über das Wesen des Petitionsrechtes der Stände entstehen können. Bei der Vielseitigkeit der modernen Regierungs- und Verwaltungstätigkeit des Staates und bei dem bis zu einem gewissen Grade natürlichen Bestreben des Landtags, auch hierin gewissen Einfluß zu gewinnen und der Betätigung der Staatsregierung auf diesen Gebieten gewisse Richtpunkte in seinem Sinne zu geben, muß es hier am ehesten zu Konflikten über die Frage der Zulässigkeit von Petitionen kommen. Es ist unmöglich, hier mit aller Schärfe die Grenzen des Rechts der Wünsche und Anträge abzustecken, und für alle so sehr verschiedenartigen Fälle eine allgemein gültige Regel, einen präzisen Rechtssatz aufzustellen, der für alle späteren Fälle die Möglichkeit eines Streites ausschlösse.

Es muß der theoretischen Behandlung der Streitfrage auf diesem Gebiet in dem späteren § 12 vorbehalten bleiben, hier wenigstens bestimmte Richtlinien festzustellen.

---

5. Kapitel.

Dogmatische Betrachtung des Petitionsrechtes.

§ 10.

Allgemeines.

Wenn die Verfassungsurkunde in Titel VII § 19 erklärt, „die Stände haben das Recht, in Bezug auf alle zu ihrem Wirkungskreis gehörigen Gegenstände dem Könige ihre gemeinsamen Wünsche und Anträge in geeigneter Form vorzubringen", so gibt sie, wie wir schon § 3 gesehen haben, eine gesetzliche Begriffsbestimmung des Rechtes der Stände, das man gemeinhin das

„Petitionsrecht des Landtags“ zu nennen pflegt. Dieses Recht der Wünsche und Anträge haben wir bei der Darstellung des Wirkungskreises des Landtages in § 2 zu den sogenannten politischen Rechten gerechnet, zu den Befugnissen, in welchen sich das Mitwirkungsrecht des Landtags bei der Erfüllung gewisser Staatsaufgaben äußert. Man darf es wohl aussprechen, daß der Landtag, wenn er wirklich dieser seiner verfassungsmäßigen Aufgabe gerecht werden soll, notwendig nicht „nur das Recht der Antwort, sondern auch das Recht der Sprache“ haben m u ß; von diesem Gesichtspunkt aus, daß eben zu einer lebendigen Betätigung des Landtags notwendig dieses Recht der Sprache erforderlich ist, kann man das Petitionsrecht als ein „natürliches Recht“ bezeichnen; nicht aber in dem Sinne, daß das Recht der Wünsche dem Landtag schon deshalb zukomme, weil eben jeder Einzelne und jede korporative Personenmehrheit die rechtliche Möglichkeit der Aeußerung und Betätigung ihrer Willens- und Handlungsfähigkeit habe. Es hat nicht an Versuchen gefehlt, das Petitionsrecht „aus der Natur der Sache“ zu erklären (vgl. oben die Aeußerungen d. Abg. Köster § 6 S. 28); man machte geltend, daß, wenn es jedem einzelnen Staatsbürger zustehe, Bitten an die Krone zu stellen, dann dieses Recht auch den Mandataren zustehen müsse; denn was den Kommittenten zustehe, könne wohl den Mandataren nicht versagt sein. Abgesehen davon, daß die rechtliche Konstruktion eines Mandatsverhältnisses zwischer Wähler und Abgeordneten verfehlt ist, wie wir schon oben in § 1 nachzuweisen versuchten, enthält auch die Berufung auf das allgemein unbeschränkte Recht der Bitte des Einzelnen an die Krone zur Erklärung des unbeschränkten Petitionsrechtes des Landtags eine unzutreffende Schlußfolgerung. Schon bei Gelegenheit der Besprechung jenes Ausspruches des Abgeordneten Köster auf dem Landtag von 1819 haben wir auf das Unrichtige dieses Schlusses hingewiesen: wenn wir bei der allgemeinen Charakterisierung des Wirkungskreises des Landtags und seiner rechtlichen Stellung es als einen Grundsatz der Verfassungsurkunde bezeichnet haben, daß der Landtag niemals eine Vermutung der Zuständigkeit für sich habe, sondern daß er seine Zuständigkeit zu rechtlichem Handeln stets durch ausdrückliche Rechtsvorschrift dartun muß, so ist darin zugleich der bedeutsame Unterschied zwischen ihm und der Rechtsstellung des Einzelmenschen ausgesprochen. Der freien Betätigung des Willens des einzelnen Staatsangehörigen sind nur da Grenzen gesetzt, wo durch verbietende Normen der Rechtsordnung im Interesse der Gesamtheit eben notwendige Schranken gezogen sind. Der Einzelne darf alles tun, was nicht ausdrücklich verboten ist: ein Satz, der aus der allgemeinen Rechts- und Handlungsfähigkeit des Menschen zu folgern ist, der aber keineswegs kurzerhand auf das Staatsrecht, in Sonderheit auf den Landtag übertragen werden darf; denn dieser trägt die Macht zu rechtlichem Handeln nicht in sich, sondern leitet sie allein aus Rechtssätzen der Verfassung ab, er existiert und handelt nur auf Grund der Verfassung, er muß daher für sein Tun und Lassen stets eine ihn ermächtigende Rechtsvorschrift nachweisen. Deshalb ist „das Recht der Sprache" ausdrücklich in der Verfassung den Ständen verliehen, und deshalb ist es nicht „aus der Natur der Sache" zu erklären, sondern aus dem Gesetz und aus der Stellung, die es im Rahmen des gesetzlichen Wirkungskreises des Landtages einnimmt; denn seine rechtliche Grundlage ist eben die Verfassung. Daraus folgt wieder, daß das Recht der Wünsche und Anträge kein unbeschränktes, kein generelles ist in dem Sinne, daß die Stände über die verschiedensten Gegenstände nach freiem Belieben Wünsche und Anträge an die Krone bringen könnten, sondern daß das Recht notwendig — wie es schon die Verfassungsurkunde erklärt, — auf den Wirkungskreis des Landtages beschränkt bleibt, der ihm verfassungsmäßig zugewiesen ist. Nur soweit er sich innerhalb dieses Wirkungskreises bewegt, kann man daher von einem Recht der Stände, ihre Wünsche und Anträge vorzubringen, sprechen, wie denn auch die Verfassungsurkunde in Titel VII § 19 ausdrücklich dieses Petitionsrecht als ein Recht der Stände bezeichnet. Diesem Recht auf Aeußerung der Wünsche entspricht notwendig auch das Recht auf Entgegennahme durch die Krone: das Geschäftsgangsgesetz von 1872 erklärt in Art. 40 ausdrücklich, daß der König die von den Kammern gestellten Anträge entweder sogleich nach der Vorlage oder spätestens beim Schlusse der Versammlung im Landtagsabschied verbescheidet; daß das Gesetz diese Verbescheidung nicht in die Form einer Verpflichtung des Königs hiezu kleidet, ist selbstverständlich, aber dadurch wird keineswegs dem Petitionsrecht die Natur eines verfassungsmäßigen Rechtes genommen (vgl. auch Seydel Staatsrecht I S. 357). In dem „Versuch über das Recht der Anträge nach der bayerischen Verfassungsurkunde" von einem Reichsrate Seite 27 wird hierüber ausgeführt: „Ob die Stände auf alle ihre Anträge eine Entschließung zu erwarten haben oder ob das Ablehnen auch durch bloßes Stillschweigen könne zu erkennen gegeben werden, ist nicht zweifelhaft, da die Verfassungsurkunde ausdrücklich über alle verhandelten Gegenstände Entschließung fordert. Dies kann jedoch nur von den Gegenständen zu verstehen sein, die sich in den Wirkungskreis der Stände eignen, von ihnen also mit Recht in Beratung gezogen werden können. Daß Anträge, die nach dem Urteil diese Eigenschaft nicht haben, in dem Abschied mit Stillschweigen übergangen werden, ist jener Forderung, in welcher notwendig die Befugnis zur Verhandlung vorausgesetzt wird, nicht entgegen und verdient als ein milderes friedlicheres Verfahren vor einer ausdrücklichen Erklärung der mangelnden Zuständigkeit den Vorzug."

Die scharfe Betonung der Beschränkung des Petitionsrechtes auf den ständischen Wirkungskreis müßte es leicht erscheinen lassen, den Umfang des Petitionsrechtes zu bestimmen: man brauchte nur den verfassungsmäßigen Wirkungskreis der Stände zu umschreiben und hätte damit zugleich die Grenzen des Petitionsrechtes gefunden: allein es bietet einerseits der Umfang des Wirkungskreises eine Reihe von Zweifelsfragen und andererseits lassen sich die Grenzen des Petitionsrechtes nicht kurzweg mit denen des ständischen Wirkungskreises zusammenwerfen.

Auf den ersten Blick erscheint zwar der Wirkungskreis durch § 1 Titel VII in Verbindung mit den folgenden §§ 2 bis 19 genau bestimmt; denn § 1 dieses Titels sagt: die beiden Kammern können nur über jene Gegenstände in Beratung treten, die in ihren Wirkungskreis gehören, der in den §§ 2 bis 19 näher bezeichnet ist. Hienach hätte man zum Wirkungskreis der Stände nur diejenigen Materien zu zählen, die dieser Katalog aufweist (vgl. § 2 S. 11/12). Wir haben schon oben ausgesprochen, daß wir nicht die Auffassung teilen können, daß dieser Katalog eine erschöpfende Darstellung des ständischen Wirkungskreises gibt, und glauben, eine Stütze dieser Auffassung gerade in der Verfassung selbst zu finden; die Begriffe „Wirkungskreis" und „Rechte" des Landtags decken sich unseres Erachtens; die Rechte des Landtages sind jedoch nicht auf jene wenigen Punkte der §§ 2, 3, 10/16, 11--15, 17 und 18 beschränkt, vielmehr enthält sowohl die Verfassung (vgl. Titel II § 11, Titel VII § 21, Titel X §§ 5, 6, 7) als auch andere Gesetze, denen die Bedeutung von Verfassungsgesetzen zukommt, z. B. das Gesetz, die permanente Zivilliste betreffend von 1834 oder das Gesetz betr. die Ministerverantwortlichkeit vom 4. Juni 1848 Rechtssätze, durch die den Ständen ein Recht der Mitwirkung eingeräumt wird.

Der Wirkungskreis des Landtags ist sohin — wie wir schon oben in § 2 dargestellt haben — ein viel umfassenderer, als sich aus Titel VII § 2—19 ergibt. Das Wörtchen „nur" in § 1 Titel VII will den Wirkungskreis nicht auf den § 2—19 dieses Titels beschränken, sondern kann füglich nur auf das „Beraten" von Gegenständen des ständischen Wirkungskreises bezogen werden; denn es soll dadurch — vgl. oben § 2 S. 13 — die zum Zwecke und als Vorbereitung einer Beschlußfassung gepflogene Verhandlung ausgeschlossen werden. Ist es aber richtig, daß der Wirkungskreis der Stände ein viel ausgedehnterer ist, als Titel VII § 2—19 diesen umschreibt, dann kann auch das Recht der Wünsche und Anträge sich nicht in jenen sechs Punkten der § 2 mit 18 erschöpfen, sondern muß sich erstrecken auf alle Gebiete, die eben in diesen Wirkungskreis einschlagen (vgl. auch die Ausführungen des Abg. Kurz oben § 6 S. 29), anderer Ans.: („Versuch über das Recht der Anträge" von einem Reichsrate S. 9 ff.).

Inwieweit die Grenzen des Petitionsrechtes in den einzelnen Gegenständen des Wirkungskreises des Landtages sich mit diesen decken und inwieweit auch hier Zweifelsfragen möglich sind, muß der Erörterung der einzelnen Streitpunkte vorbehalten werden. Schon bei der Darstellung der Behandlung des Petitionsrechtes des Landtags in den Kammern während der 90 Jahre des Bestehens der Verfassung haben wir die verschiedenen Gebiete, auf denen die Geltendmachung und der Umfang des Petitionsrechtes zu Meinungsverschiedenheiten Anlaß gab, hervorgehoben. Diese Streitpunkte lassen sich nicht unschwer aus diesen Darlegungen herausschälen.

Es fragt sich zunächst, inwieweit das Recht der Wünsche auf dem Gebiet der Gesetzgebung ausgeübt werden kann; hier schlägt die sogenannte Gesetzesinitiative ein, die eine teilweise Regelung durch das Gesetz vom 4. Juni 1848 zugunsten des Landtags gefunden hat und die wiederum gegenüber dem Petitionsrecht abzugrenzen ist.

Wir haben gesehen, daß der Landtag in einer Reihe von Fällen durch die Ausübung des Petitionsrechtes auf das Gebiet der Regierungs- und Verwaltungstätigkeit hinübergegriffen hat; auch hier sind die Grenzen unsicher und bedürfen der rechtlichen Fixierung.

Wir haben weiter eine ganze Reihe von Fällen zusammengestellt, in denen der Landtag durch Aeußerung von Wünschen und Anträgen an die Krone auf die Stellungnahme der bayerischen Vertreter im Bundesrat Einfluß zu gewinnen und dahin zu wirken versuchte, daß die bayerische Regierung in den verschiedensten Fragen der Reichsgesetzgebung im Sinne des bayerischen Landtags ihre Stimmen abgebe.

Im Folgenden seien diese Streitpunkte des Näheren behandelt.

§ 11.

I. Das Petitionsrecht auf dem Gebiete der Gesetzgebung.

Der Staatsrechtslehrer und einstmalige Abgeordnete Professor Dr. von Pözl hat am 12. Juni 1865, als er im Landtag seinen Standpunkt in der Frage des Petitionsrechtes der Stände darlegte, den Satz ausgesprochen: „daß das Petitionsrecht und das Recht der Initiative zwei verschiedene Dinge sind, das haben nicht erst neuerlich einige Publizisten auf das Tapet gebracht, sondern das ist, solange eine Staatswissenschaft existiert, eine ausgemachte Sache" (vgl. oben S. 58). Die Richtigkeit dieses Satzes ist nicht zu bestreiten und muß auch für das bayerische Staatsrecht anerkannt werden; wir glauben, daß dieser Unterschied schon den Mitgliedern jener Ministerial-Konferenz geläufig gewesen ist, deren Aufgabe es war, die Verfassungsurkunde des Jahres 1818 zu bearbeiten und zu redigieren.

Der weitere und allgemeinere Begriff ist der des Petitionsrechtes; er umfaßt das Recht der Wünsche und Anträge auf allen Gebieten, die in den Wirkungskreis der Stände einschlagen. Mit der Gewährung dieses Petitionsrechtes durch Titel VII § 19 und mit der gleichzeitigen Einbeziehung der Gesetzgebung in diesen Wirkungskreis durch § 2 des gleichen Titels war unseres Erachtens auch das Petitionsrecht in Richtung auf die Gesetzgebung den Ständen eingeräumt.

Den engeren staatsrechtlichen Begriff dagegen stellt das sogenannte Initiativrecht der Stände dar, das sich nicht auf das bloße Recht der Aeußerung von Wünschen und Anträgen auf Erlassung von Gesetzen geschränkt, sondern den Ständen es überläßt, förmlich redigierte Gesetzentwürfe in Vorschlag zu bringen. Das Petitionsrecht ist ein Mittel, um die Regierung zur Vorlegung von Gesetzen zu veranlassen (vgl. Georg Meyer Lehrbuch des deutsch. Staatsrechts VI. Auflage 1905 S. 565). Das Recht der Initiative dagegen ermöglicht es, der Volksvertretung, in einer der Kammern selbst Gesetzentwürfe auszuarbeiten, sie der anderen Kammer zur Beratung und Zustimmung, sowie der Krone zur Bestätigung vorzulegen (vgl. Hermann Schulze: Lehrbuch d. deutsch. Staatsrechts, I. Buch, Das deutsche Landesstaatsrecht 1881).

Nach dieser Begriffsbestimmung sollte man annehmen, durch die verfassungsmäßige Festlegung des Rechtes der Wünsche und der Anträge und infolge des Fehlens einer ausdrücklichen Bestimmung über das Initiativrecht sei letzteres den Ständen nach dem Wortlaut der Verfassungsurkunde versagt gewesen. Wir teilen diese Auffassung nicht, wie wir in Kapitel IV schon in Kürze ausgeführt haben.

Heute ist diese Frage hinsichtlich der „Gesetze, die keine Verfassungsgesetze sind," nicht mehr praktisch, nachdem durch das Initiativgesetz vom 4. Juni 1848 das Recht der Initiative in dieser Richtung den Kammern in Art. I zugesprochen wird. Es verlohnt sich jedoch, auf die Frage einzugehen, ob nicht schon vor dem Gesetz vom 4. Juni 1848 den Ständen das Recht der Initiative bezüglich solcher Gesetze zugestanden hat, zumal aus der Beantwortung dieser Frage eine Reihe von Folgerungen für den Bestand des Petitionsrechtes hinsichtlich der Verfassungsgesetze sich ergeben.

Wie schon aus den Darlegungen über die Behandlung des Petitionsrechtes in den Kammern in Kapitel IV hervorgeht, war diese Frage zu Beginn des Verfassungslebens in Bayern bestritten; die Regierung hatte im Jahre 1819 geglaubt, ein Recht der Initiative bekämpfen zu müssen, im Jahre 1827 dagegen wurde es von dem Regierungskommissär Abel anerkannt (oben S. 33).

Auch in den wissenschaftlichen Bearbeitungen des damaligen Verfassungsrechtes gingen die Ansichten auseinander.

Von Dresch führt in seinen Grundzügen des bayerischen Staatsrechts (II. Aufl. 1835) § 35 aus: Der König hat die Initiative,

d. h. den Entwurf und die Proposition bei neuen Gesetzen, wenngleich auch die Stände an den König den Antrag auf Entwurf, authentische Erläuterung, Abänderung oder Aufhebung eines Gesetzes zu bringen berechtigt sind; daß der König im Jahre 1831 auf Antrag der Stände gesetzliche Bestimmungen erließ, zu denen die Initiative nicht von der Krone ausgegangen war, bezeichnet von Dresch als Ausnahme. Auch von Moy teilt in seinem „Staatsrecht des Königreichs Bayern" (I. Teil Verfassungsrecht 1841 S. 159 ff.) diese Ansicht; er spricht sich dahin aus, daß das Antragsrecht des § 19 Titel VII sich auf Erlassung, Aufhebung und Erläuterung von Gesetzen erstrecken könne, „wobei jedoch, wenn es sich um die Erläuterung eines neuen Gesetzes handelt, dem König die Initiative der Fassung zu überlassen ist, d. h. die Stände können um Vorlage eines Gesetzentwurfes bitten, nicht aber einen Gesetzentwurf zur Annahme vorlegen".

Diese Frage wird auch in dem „Versuch über das Recht der Anträge" behandelt, wo der Verfasser etwa folgendes ausführt: „die Verfassungsurkunde setzt nirgend fest, daß eigentliche Gesetzentwürfe nur das Werk der Regierung sein sollen, und in der einzelstehenden Bestimmung, daß Vorschläge zur Abänderung der Verfassung von dem König allein ausgehen, scheint sogar ein Anerkenntnis zu liegen, daß die Stände in dem ganzen übrigen Feld der Gesetzgebung ein unbeschränktes Recht des Vorschlages haben. Allein da einerseits verordnet ist, daß die königliche Entschließung auf sämtliche Anträge der Stände erst beim Schluß der Versammlung erfolgen, andererseits, daß die Gesetze mit Anführung der Vernehmung des Staatsrates und des Beirats und der Zustimmung der Stände erlassen werden, so läßt sich ein Gesetzentwurf als Werk der Stände nicht wohl denken; ein Gesetz, welches daraus hervorginge, wäre nicht mit ihrem Beirat, „sondern auf ihren Vorschlag erlassen" (S. 23).

Wir können diese Auffassung nicht teilen, glauben vielmehr, daß das Recht der Gesetzesinitiative schon durch § 19 Titel VII gegeben war; denn wenn diese Bestimmung kurz sagt: die Stände können Wünsche und Anträge auf alle zu ihrem Geschäftskreis gehörigen Gegenstände an die Krone richten, so ist dadurch in keiner Weise ausgesprochen, in welche Form und Fassung diese Wünsche gekleidet werden müssen, vielmehr ist für diese völlig freier Spielraum gelassen; „es schließt der Wortlaut des § 19 Titel VII auf dem Gebiete der Gesetzgebung keineswegs einen Wunsch oder Antrag aus, der das Gesetz in sanktionsreifer Form enthält", (vgl. Seydel Staatsrecht I S. 358, siehe auch das Zitat aus v. Lerchenfelds Geschichte Bayerns oben S. 31). Wir haben schon in den historischen Darlegungen auf die Wandlung der Ansicht der Regierung in diesem Punkte hingewiesen (oben § 6 S. 33 ff.). Nach mehrfachem Schwanken in den ersten Jahren des Verfassungslebens erklärte der Ministerialkommissär von Abel in der Sitzung vom 12. Februar

1827 ausdrücklich, „daß im Bereich der allgemeinen Gesetzgebung durch das Mittel gemeinsamer Wünsche und Anträge den Ständen des Reichs die Befugnis zur Ergreifung der Initiative eingeräumt sei". Auch Cucumus in seinem „Lehrbuch des Staatsrechtes der konstitutionellen Monarchie Bayerns 1825" (S. 339 ff.) spricht sich für das Initiativrecht der Stände aus: „die Initiative der Gesetze wird in der Verfassungsurkunde nicht ausdrücklich nur dem König vorbehalten, das monarchische Prinzip erfordert bloß die unbedingte Notwendigkeit der Sanktion der Gesetze durch den Souverän und wird durch die Teilnahme der Volksrepräsentation an dem Rechte der Initiative zu Gesetzen nicht verletzt, welches vielmehr den verfassungsmäßigen Weg bahnt, den Souverän mit den Bedürfnissen des Volkes bekannt zu machen, und diese ohne Zeitverlust zu befriedigen. Das Recht der Bitte um die königliche Genehmigung der nach Titel VII § 19 an den König gerichteten Wünsche und Anträge auf dem Gebiet der Gesetzgebung bringt jenes zum Entwurf und zur Proposition mit sich."

Wir haben es daher bei der Besprechung des Initiativgesetzes und seiner Motive (oben § 7 S. 46) als ein Superfluum bezeichnet, daß das Recht der Gesetzesinitiative bezüglich solcher Gesetze, die nicht den Charakter von Verfassungsgesetzen tragen, in Artikel I dieses Gesetzes noch einmal ausdrücklich festgestellt wurde; der Zweck dieses Artikels ging aber ausgesprochenermaßen nur dahin, dieses Recht ein für allemal festzustellen und Streitigkeiten durch legislative Regelung auszuschließen.

Wir kehren zurück zum Petitionsrecht im engeren Sinn, dessen Bestehen „im Bereich der allgemeinen Gesetzgebung" auf Grund des § 19 in Verbindung mit § 2 des Titels VII nicht bestritten werden kann. Nicht so kurzweg läßt sich die Frage bejahen, ob es auch auf dem Gebiet der Verfassungsgesetzgebung anzuerkennen ist. Die historischen Darlegungen des IV. Kapitels lassen ersehen, daß diese Frage Gegenstand der lebhaftesten parlamentarischen Kämpfe war und auch heute noch jederzeit sein kann, nachdem durch das Initiativgesetz von 1848 die Streitfrage nicht in vollem Umfang beseitigt worden und eine gesetzliche Lösung während des Landtags von 1866/69 gescheitert ist.

Die sogenannten Verfassungsgesetze, die bei ihrer besonderen Bedeutung für den Staat nur mit einer besonders qualifizierten Mehrheit abgeändert oder mit Zusätzen versehen werden dürfen, nehmen insofern eine besondere Stellung im Gebiet der Gesetzgebung ein, als Titel X § 7 bezüglich ihrer bestimmt:

> „Abänderungen in den Bestimmungen der Verfassungsurkunde oder Zusätze zu derselben können ohne Zustimmung der Stände nicht geschehen. Vorschläge hiezu gehen allein vom König aus, und nur wenn derselbe sie an die Stände gebracht hat, dürfen diese darüber beratschlagen."

Hiedurch ist den Ständen das Recht der Vorschläge zu Verfassungsänderungen versagt und dem König allein vorbehalten. Streit besteht nun, ob hiedurch sowohl das Petitionsrecht als auch das Recht der Gesetzesinitiative getroffen wird, oder ob durch das Wort „Vorschläge" nur die Vorlage „förmlich redigierter und artikulierter" Gesetzentwürfe an den König ausgeschlossen werden sollte.

Diese einschränkenden Bestimmungen haben, wie wir in § 8 gesehen haben, durch das Initiativgesetz vom 4. Juni 1848 eine Erweiterung erfahren dadurch, daß den Ständen auf den in Artikel II und IV bezeichneten Gebieten das Recht „Abänderungen in der Bestimmungen der Verfassungsurkunde oder Zusätze zu derselben in Vorschlag zu bringen — Recht der Initiative" eingeräumt wurde. Bei dieser Gelegenheit haben wir an der Hand der Motive zugleich nachzuweisen versucht (vgl. oben § 8 S. 46 ff.), daß das Gesetz von 1848 eben nur das Initiativrecht zu regeln gewillt war und daß das Petitionsrecht des Landtags — wenn überhaupt — nur insofern durch dieses Gesetz mittelbar berührt wird, als eben das Petitionsrecht im engeren Sinn dort nicht mehr bestritten werden kann, wo das Initiativrecht den Ständen einmal eingeräumt ist; es darf in dieser Richtung auf die Ausführungen in § 8 Seite 46 ff. verwiesen werden.

Hier sei zunächst, was die Frage des Petitionsrechtes auf dem Gebiet der Verfassungsgesetzgebung anlangt, ausgesprochen, daß wir auf dem Standpunkt stehen, daß dieses Petitionsrecht ein unbeschränktes ist und den Ständen auch in Richtung auf die sogenannten Verfassungsgesetze kraft des § 19 Titel VII zusteht. Damit lehnen wir die Auffassung ab, als sei durch Titel X § 7 und dessen verbietende Norm hinsichtlich der V o r s c h l ä g e zu Verfassungsänderungen auch das Recht der W ü n s c h e und A n t r ä g e an den König auf Ergreifung der Initiative zu Verfassungsänderungen ausgeschlossen. Wir haben diesen unseren Standpunkt schon gelegentlich der Besprechung der Behandlung des Petitionsrechtes im Landtag durchblicken lassen, müssen aber zu den einzelnen Streitpunkten im Folgenden noch näher Stellung nehmen.

Zur Begründung der Auffassung, daß das Petitionsrecht sich nicht auf Verfassungsgesetze erstrecken könne, machte man zunächst geltend, der § 19 Titel VII enthalte eine ausdrückliche Beschränkung des Petitionsrechtes auf den Wirkungskreis des Landtages und dieser sei in Titel VII § 2—19 der Verfassungsurkunde genau verzeichnet; hier stehe nichts davon, daß die Stände auf Aenderung der Konstitution antragen dürften (vgl. oben S. 29). Es kann nicht bestritten werden, daß ein weitergehendes Petitionsrecht über den Rahmen des ständischen Wirkungskreises hinaus nicht anzuerkennen ist, und richtig wäre der gegnerische Standpunkt, wenn in jenen §§ 2—19 Titel VII eine erschöpfende Umschreibung des ständischen Wirkungskreises gegeben wäre. Dem ist jedoch nicht so, wie wir bei der Darstellung dieses Geschäftskreises des Landtags in § 2 und auch in § 10 des Näheren ausgeführt haben. Es geht nicht an, zu sagen, daß Aenderungen der Verfassungsurkunde deshalb, weil sie nicht in jenem Katalog aufgezählt sind, nicht in den Wirkungskreis der Stände einbezogen werden dürften: denn wenn Titel X § 7 ausdrücklich Verfassungsänderungen nur mit Zustimmung der Stände geschehen läßt, so gehören eben solche in jenen Wirkungskreis, auch wenn ihrer nicht ausdrücklich in der Zusammenstellung des Titel VII gedacht ist. Man darf jedoch ohne sich dem Vorwurf einer gezwungenen Auslegung der Verfassung auszusetzen, noch weiter gehen und sagen, daß auch die auf Abänderungen und Erweiterung der Verfassung abzielenden Gesetze unter Titel VII § 2 zu rechnen sind, daß auch sie unter den Begriff der allgemeinen Gesetze dieses Titels zu subsumieren sind, die die Freiheit der Person und das Eigentum der Staatsangehörigen betreffen, und daß sie nur insofern unter den Gesetzen eine Sonderstellung einnehmen, als eben Vorschläge zu Aenderungen nur vom König ausgehen dürfen und zu ihrer gültigen Annahme eine besonders qualifizierte Mehrheit in jeder der beiden Kammern erforderlich ist. Durch Titel X § 7 sollen unseres Erachtens die sogenannten Verfassungsgesetze nicht aus dem Rahmen der allgemeinen Gesetze herausgenommen werden, sondern sie sollen, da sie die Fundamentaleinrichtungen des Staates regeln, nur unter erschwerten Bedingungen geändert werden dürfen; hierin liegt der einzige Unterschied zwischen ihnen und den anderen Gesetzen; fallen sie aber unter den Begriff der allgemeinen Gesetze des § 2 Titel VII, so bedeutet dies für das Petitionsrecht dessen Ausdehnung auch auf Verfassungsgesetze, da auf sämtliche allgemeinen Gesetze sich das Petitionsrecht nach § 19 mit § 2 Titel VII erstreckt.

Dieser Argumentation werden diejenigen, die ein Petitionsrecht in Verfassungsgesetzen nicht anerkennen wollen, entgegenhalten, Titel X § 7 Absatz II schließe dieses aus: Denn wenn dieser Paragraph dem König allein das Recht vorbehalte, Vorschläge zu Aenderungen der Verfassung an die Stände zu bringen und gleichzeitig bestimme, daß die Stände nur, wenn der König diese Vorschläge an die Stände bringe, diese darüber beratschlagen dürften, dann sei damit auch ein Wunsch von seiten der Stände auf Aenderung der Verfassung rechtlich nicht zulässig. Diese Folgerungen sind richtig, wenn man die Begriffe „Vorschläge“ und „Wunsch oder Antrag“ in Richtung auf Verfassungsänderungen vollständig gleichstellt. Es hat nicht an Stimmen gefehlt, welche eine solche Unterscheidung als nicht gerechtfertigt bezeichneten (vgl. die Aeußerungen des Präsidenten der Kammern der Abgeordneten während der Verhandlungen des Landtags von 1828 oben S. 29); man machte geltend, die Bitte um Gebung einer Initiative zu einem Gesetz sei soviel, als die Initiative selbst (oben S. 29); Titel X § 7 mache es unmöglich, daß die Kammern einen Antrag oder Wunsch oder Vorschlag in dieser Beziehung an den König richten; man wies darauf hin, daß auch die Verfassung keineswegs zwischen Wunsch, Antrag und Vorschlag unterscheide, wie dies aus dem X. Edikt Titel II § 53 Nr. II hervorgehe (vgl. oben S. 38), hier seien diese drei Worte völlig gleichbedeutend gebraucht und es sei falsch, dort Unterscheidungen zu machen, wo das Gesetz selbst nicht unterscheide; dies verstoße gegen den Satz: ubi lex non distinguit nec nostrum est distinguere. Auch die ratio legis spreche gegen die Möglichkeit und Berechtigung einer solchen Unterscheidung (oben S. 54).

Diesen Ausführungen können wir nicht beitreten, vielmehr halten wir es für unberechtigt, die Unterscheidung zwischen Wünschen und Vorschlägen leugnen zu wollen, obgleich sie heute allgemein anerkannt wird und auch schon zur Zeit der Entstehung der Verfassungsurkunde jenen Staatsmännern, die mit dem Verfassungswerk betraut waren, geläufig war. Es unterliegt keinem Zweifel, daß man damals, als man die Bestimmung über das Recht der Wünsche und Anträge auf Anregung des Freiherrn von Lerchenfeld in die Verfassung aufnahm, der Auffassung war, daß man damit dem sogenannten Petitionsrecht seine gesetzliche Formulierung gab, ebenso wie unseres Erachtens alle Anzeichen dafür sprechen, daß man das Wort „Vorschläge" zu Verfassungsänderungen wählte, um dadurch zum Ausdruck zu bringen, daß man die Gesetzesinitiative im engeren Sinn und zwar jene in Verfassungsangelegenheiten dem König allein vorbehalten wolle. Schon damals sprach sich von Zentner dahin aus, daß zur Sicherung der Verfassung und um zu verhindern, daß nicht ihre Bestimmungen gleich in der ersten Zusammenberufung der Stände angegriffen würden, und man Abänderungen fordere, „die Initiative hiezu dem König zustehen müsse" (vgl. oben S. 25); wollte man aber nicht nur die Initiative, sondern auch das Petitionsrecht in Verfassungsangelegenheiten ausschließen, dann ist die Frage berechtigt, warum man in Tit. X § 7 gerade das Wort „Vorschläge" gewählt und nicht kurzweg im Sinne des § 19 Titel VII erklärt hat, „Wünsche und Anträge hiezu können nicht von den Ständen an den König gebracht werden?" Damit wäre jeglicher Zweifel für immer ausgeschlossen gewesen; wenn man sich aber einmal entschloß, statt dessen nur das Recht der Vorschläge als allein dem König zukommend zu bezeichnen, dann kann der Sinn nur der sein, daß man den Ständen zugestehen wollte, ihre Wünsche auf etwaige Verfassungsänderungen vorzubringen, daß man es aber nicht für angezeigt hielt, ihnen auch das weitergehende Recht der Initiative im engeren Sinn in dieser Richtung einzuräumen. Letzteres wollte sogar der Kronprinz den Ständen nicht versagen, wie wir in Kapitel III Seite 24 gesehen haben, weil er glaubte, daß es von Vorteil sei, wenn jedes Kammermitglied auf Aenderung von Satzungen antragen könnte, die der unaufhaltbar fortschreitenden Zeit nicht mehr entsprächen. Soweit glaubte jedoch, wie sich aus den späteren

Verhandlungen ersehen läßt, die Ministerialkonferenz von 1818 nicht gehen zu dürfen, vielmehr entschloß sie sich durch die Bestimmungen in Titel X § 7 den auf stete Neuerung und Aenderung der Verfassungsurkunde gerichteten Bestrebungen vorzubeugen. Nimmt man aber an, daß die Verfassungskommission mit dem Worte „Vorschlag" einen besonderen Sinn verbinden wollte, dann kann es nur der sein, den man allgemein mit dem Begriff „Gesetzesvorschlag" verbindet, nämlich die Vorlage eines nach bestimmten Gesichtspunkten formulierten und artikulierten Entwurfes eines Gesetzes (vgl. oben S. 101). Nichts spricht dafür, daß man etwa bei der redaktionellen Abfassung der Verfassungsurkunde vorschnell vorgegangen wäre; im Gegenteil ist anzunehmen, daß man in der Wahl des Ausdrucks besonders vorsichtig war, nachdem von Zentner auf die erhöhte Bedeutung dieser Verfassungsbestimmung hingewiesen und sie als sehr wesentlich bezeichnet hatte. Auch wenn man zu der Auffassung hinneigt, daß durch Titel X § 7 auch jegliche Anregung von seiten der Stände, in welcher Form sie auch geschehen mag, hat ausgeschlossen werden sollen, dann geht es angesichts der Fassung dieses Paragraphen nicht an, über den Wortlaut der Bestimmung einfach hinwegzusehen und sie derart erweiternd zu interpretieren, daß auch das einfache Petitionsrecht durch sie mit umfaßt wird. Es ist deshalb richtig, wenn dem Präsidenten des Landtags von 1828, als er die Begriffe „Vorschläge zu Abänderungen der Verfassungsurkunde" und „Wünsche und Anträge zu solchen" völlig gleichstellte und das Verbot des § 7 Titel X auf beide erstreckte, von einem Abgeordneten entgegengehalten wurde, wenn man ihm ein konstitutionelles Verbot auch gegen Wünsche der genannten Art nachweisen könne, dann habe er allerdings nichts mehr zu erinnern. Ein solches Verbot enthält jedoch die Verfassung nicht und kann nur aus § 7 Abs. II Tit. X bei einer nach unserer Ansicht unberechtigten Interpretation dieser Gesetzesbestimmung entnommen werden.

Auch der Zusammenhang, in dem dieser Paragraph steht, läßt keine andere Auslegung zu (vgl. den Hinweis hierauf bei Seydel I S. 360, auch die Aeußerung von Hohenlohes oben S. 57). Wenn § 7 Absatz I dieses Titels sagt: Abänderungen der Verfassungsurkunde bedürfen der Zustimmung der Stände, so können darunter doch wohl nur formulierte Vorschläge zu solchen Verfassungsänderungen verstanden werden; denn in anderer Form können unseres Erachtens solche Aenderungen gar nicht geschehen; der streitige Absatz II bestimmt nun weiter: „Vorschläge hiezu", also zu den in Absatz I genannten Aenderungen und Zusätzen der Verfassungsurkunde gehen allein vom König aus; nur solche Vorschläge, wie sei allein vom König eingebracht werden können, sollen den Ständen verboten sein. Daß aber der König n u r formulierte Vorschläge an die Kammern bringen kann, darüber besteht doch wohl kein Zweifel. Demgegenüber darf man doch wohl nicht behaupten, es sei nicht zulässig, zwischen Wünschen und Vorschlägen zu unterscheiden unter dem Hinweis darauf, daß in Beilage X Titel II § 53 No. II diese Ausdrücke promiscue gebaucht seien (vgl. oben S. 38); es geht nicht an, diese Verfassungsbeilage hier heranzuziehen, denn sie enthält keinerlei materielle Bestimmungen, sondern regelt nur in welcher Form Wünsche und Anträge geschäftsordnungsmäßig an die Krone vorzulegen sind; außerdem spricht sie nur von Wünschen und Anträgen, von Petitionen des Landtags im Sinne des § 19 Titel VII und enthält keinerlei Stellungnahme zu den Vorschlägen des § 7 Titel X; zur Widerlegung des nachgewiesenermaßen bestehenden Unterschiedes zwischen den Begriffen Wünschen und Anträgen kann sie nicht dienen.

Andere suchen ihre Auffassung von der verfassungsmäßigen Beschränkung des Petitionsrechtes auf gewöhnliche Gesetze darauf zu stützen, daß sie sagen: es ist gar nicht nötig, auf die Frage einzugehen, ob ein Unterschied besteht zwischen Wünschen des Landtags an die Krone und Vorschlägen hinsichtlich etwaiger Verfassungsänderungen; denn durch § 7 Absatz II Titel X ist „das Beratschlagen" jeglicher Verfassungsänderungen untersagt und damit auch ein Wunsch oder Antrag in dieser Richtung unmöglich gemacht (vgl. oben S. 40, 48, 55). Der Nachdruck wäre nach der gegnerischen Ansicht gerade auf das „Beratschlagen" zu legen; denn dadurch werde verhütet, daß in einer öffentlichen Versammlung jene Rechtssätze in die Debatte gezogen und der Kritik des Landtags unterstellt werden, die die Grundlage des Staates bildeten. Daß gerade dies der Zweck jenes § 7 Titel X sei, so führte Reichsrat von Bayer aus (vgl. oben S. 56), das ergebe sich aus Titel II Abschnitt II § 21 der X. Verfassungsbeilage (— heute nicht mehr in Gültigkeit —), wo bestimmt sei, daß, wenn ein Redner einen Antrag gegen die allgemeine Staatsverfassung zu stellen unternähme und ungeachtet der von dem Präsidenten gemachten Erinnerung hiermit fortfahren sollte, der Präsident berechtigt und verpflichtet sei, die Sitzung für diesen Tag sofort zu beschließen und in der folgenden Sitzung über die Bestrafung des fehlenden Mitgliedes der Kammer anzutragen. Gerade aus dieser Bestimmung ergebe sich, so meinte der Reichsrat, wie ernstlich es mit der Bestimmung gemeint sei, daß kein Vorschlag zur Aenderung der Verfassung beraten werden dürfe, es sei denn, daß er vom König ausgegangen sei. Gegen diese Deduktion läßt sich zweierlei einwenden: einerseits ist das Beraten von Verfassungsänderungen durch § 7 Absatz II Titel X keineswegs untersagt und andererseits ist die Heranziehung des § 22 Titel II der X. Verfassungsbeilage nicht angängig. Eine genauere Betrachtung schon der Satzkonstruktion des Absatz II des § 7 Titel X bestätigt unsere Auffassung: Vorschläge zu Verfassungsänderungen zu machen, bleibt dem König vorbehalten, nur wenn derselbe sie, nämlich die Vorschläge an die Stände gebracht hat, dürfen diese darüber beraten. Es kann sich das Beraten nur auf jene Vorschläge beziehen; diese Beratung von Vorschlägen zu Verfassungsänderungen wollte man untersagen, indem man von der richtigen Erwägung ausging, daß der Schwerpunkt bei der Abfassung der Gesetze in deren Fixierung und Formulierung bestehe, die man dem Landtag nicht überlassen zu dürfen glaubte. Unrichtig ist es dagegen, das „darüber Beratschlagen" auf Aenderungen der Verfassung beziehen zu wollen, denn dem steht schon der Satzbau des § 7 Absatz II entgegen, der eine Rückbeziehung auf das Wort „Aenderungen der Verfassung" in Absatz I nicht zuläßt.

Auch Erwägungen allgemeiner Natur sprechen dagegen, daß man die Beratung der Verbesserungsbedürftigkeit der Verfassung habe ausschließen wollen; es ist ein großer Unterschied, ob die Stände an die Krone herantreten mit der Bitte, man möge von seiten der Regierung die Umgestaltung dieses oder jenes Verfassungsgrundgesetzes in Erwägung ziehen oder ob sie genau die Gesichtspunkte einzeln feststellen, nach denen sie die Aenderung der Verfassung erwarten und verlangen; denn in dem letzteren liegt ein Eingriff in die königliche Initiative zu Verfassungsgesetzen, nicht aber in dem Aussprechen eines unverbindlichen Wunsches, es möge von seiten der Krone diese Initiative ausgehen. — Ganz verfehlt dagegen scheint es uns, das Verbot des § 21 Titel II der X. Verfassungsbeilage „Anträge gegen die allgemeine Staatsverfassung zu stellen", heranzuziehen zur Rechtfertigung des Satzes „es schließe § 7 Titel X das Beraten von Verfassungsänderungen aus" (vgl. oben S. 56). Jenes Verbot der X. Verfassungsbeilage (abgedruckt bei Weber I S. 685) darf nicht aus dem Zusammenhang herausgerissen und so gegen unsere Absicht verwertet werden; dieser § 21 verbietet zunächst jegliche „Persönlichkeiten", unanständige und beleidigende Ausdrücke während der Debatte, wegen deren der Präsident die Kammermitglieder zur Ordnung rufen kann, dann wendet er sich gegen jede persönlichen Ausfälle gegen den Regenten, die Königliche Familie und gegen solche Anträge, durch die Angriffe gegen die allgemeine Staatsverfassung unternommen werden: Sein Sinn und Zweck kann nur der sein, die Ordnung während der Verhandlung in der Kammer aufrecht zu erhalten und alles zu verhüten, was sich gegen die Person des Staatsoberhauptes und gegen die Existenz des Staats-Ganzen richtet, was auf Umsturz der bestehenden Staatsverfassung abzielt; daß aber z. B. ein Antrag wie der des Abgeordneten Völk (vgl. oben S. 55), gelegentlich dessen der Referent des Reichsrates zur Bekämpfung der Zulässigkeit des Antrages jene Bestimmung der X. Verfassungsbeilage herangezogen hatte, gegen die bestehende Staatsordnung gerichtet gewesen sei, wird wohl niemand im Ernst behaupten. Damit entfällt auch die Stütze dieser ganzen Argumentation.

Wir haben uns oben zu der Auffassung bekannt, daß schon durch § 19 Titel VII und nicht erst durch das Initiativgesetz vom 4. Juni 1848 den Ständen das Recht der Gesetzesinitiative gewährt war; hiezu wurden wir einerseits bestimmt durch die Erwägung, daß die Fassung des § 19 eine derartig allgemeine und wenig einschränkende ist, daß es den Ständen völlig frei überlassen bleibt, in welche Form sie ihre Wünsche an die Krone zu kleiden und mit welchem Grad von Bestimmtheit sie diese zum Ausdruck zu bringen gedenken; andererseits schien uns nach der schon mehrfach erwähnten Erklärung der Regierung im Jahre 1828 (vgl. oben S. 33) gegen diesen Standpunkt keinerlei Bedenken obzuwalten. Dies führt uns daher dazu, in § 7 Titel X und seinem Verbot der Vorschläge nur eine Beschränkung des Rechtes der Initiative zu Verfassungsgesetzen zu sehen. Die gegnerische Meinung, die das Recht der Gesetzesinitiative ganz im allgemeinen erst durch das Gesetz vom 4. Juni 1848 entstanden betrachtet, muß natürlich zu einem anderen Schluß kommen; denen stand hienach das Initiativrecht den Ständen vor dem Jahre 1848 überhaupt nicht zu, dann wäre es zwecklos gewesen, dies ihnen für das Gebiet der Verfassungsgesetze in § 7 Titel X noch einmal ausdrücklich abzusprechen; es konnte sich demnach jenes Verbot nur gegen das Petitionsrecht richten, das den Ständen in Verfassungsangelegenheiten versagt sein sollte; das Initiativrecht hingegen brauchte gar nicht mehr eigens ausgeschlossen zu werden. Umgekehrt führt unsere Auffassung zu dem Ergebnis, daß § 7 Titel X nur gegen das Initiativrecht gerichtet sein kann, da das unbeschränkte Petitionsrecht auf dem Gebiet der Gesetzgebung ohne Rücksicht auf die Art der zu erlassenden Gesetze schon im § 19 Titel VII verfassungsrechtlich festgelegt war (ebenso Pözl, Lehrbuch des bayerischen Verfassungsrechtes 181 S. 468, vgl. auch dessen Rede in der K. d. Abg. 1865 oben S. 58 ff., zum gleichen Ergebnis gelangt Seydel, Staatsrecht I S. 360).

Selbstverständlich ist es richtig, und darin treten wir der gegnerischen Meinung bei, daß aus der allgemeinen Petitionsmöglichkeit der einzelnen Staatsangehörigen nicht auf das Petitionsrecht des Landtages geschlossen werden darf, wie wir schon oben in § 9 ausgeführt haben; denn die Grundlage dieser „Petitionsmöglichkeit“ des Einzelnen ist in der Rechtstellung des Menschen gegeben, während das Petitionsrecht des Landtags seine rechtliche Grundlage in der Verfassungsurkunde hat und von den hier gegebenen Gesichtspunkten aus beurteilt werden muß.

Dagegen dürfte zur Begründung unseres Standpunktes noch kurz das herangezogen werden, was wir in § 8 Nr. 2 über das Initiativgesetz ausgeführt haben (oben S. 46 ff.). Nach den Motiven zu diesem Gesetz unterliegt es keinem Zweifel, daß es nur den Zweck hatte, daß Recht, formulierte Anträge zu Verfassungs-Gesetzen zu übergeben, den Ständen einzuräumen; es wird ausdrücklich gesagt, daß dieses Recht der Initiative bisher dem König allein zugestanden habe; dieser Satz bezieht sich ausgesprochenermaßen nur auf § 7 Titel X, der den Vorbehalt der Gesetzesinitiative zugunsten des Königs enthält. Dieses Recht und kein anderes sollte nunmehr den Ständen zukommen. Diese Darlegungen der Motive bestätigen die Auffassung, daß man im Jahre 1848 durch das Initiativgesetz die Absicht verfolgte, die durch § 7 Titel X zu enge gezogenen Grenzen des Initiativrechtes zeitgemäß zu erweitern, daß man aber das Petitionsrecht völlig unberührt ließ, da dieses schon durch § 19 Titel VII auch auf Verfassungsänderungen und Verfassungszusätze ausgedehnt war.

§ 12.

II. Das Petitionsrecht auf dem Gebiet der Regierungs- und Verwaltungstätigkeit.

Wir haben in dem einleitenden Kapitel die Rechtsstellung des Landtags im allgemeinen in großen Zügen besprochen; dies geschah nicht zum wenigsten deshalb, weil wir eine Abgrenzung des Wirkungskreises des Landtags gegenüber den übrigen Faktoren des Staates für nötig und zweckentsprechend hielten. Dabei haben wir Gelegenheit genommen, auf den obersten Grundsatz des bayerischen Verfassungsrechtes hinzuweisen, der da lautet: „der König ist das Oberhaupt des Staates, vereinigt in sich alle Rechte der Staatsgewalt und übt sie unter den von ihm gegebenen in der Verfassungsurkunde festgesetzten Bestimmungen aus.“ Aus diesem Satz haben wir einerseits den Schluß gezogen, daß für das bayerische Staatsrecht von einer „Teilung der Gewalten“ nicht gesprochen werden kann, wir haben auf Grund dieses Satzes den Gedanken einer Volkssouveränität abgelehnt und wir haben weiter gefolgert, daß die Herrscher- und Regierungsgewalt allein dem König zukommt. Eine Einmischung in die Regierungs- und Verwaltungstätigkeit ist, wie wir gesehen haben, praktisch schon dadurch ausgeschlossen, daß die Kammern überhaupt nur mit den Ministern in amtlichen Verkehr treten können, während ihnen ein unmittelbares Benehmen mit anderen Behörden und Stellen nach dem Geschäftsgangsgesetz von 1872 untersagt ist.

Daher kommt es auch, daß wir bei der Darstellung des ständischen Wirkungskreises keinerlei Hinweis auf eine mögliche Mitwirkung des Landtags auf diesen Gebieten finden — weder der Katalog des Titel VII, noch die anderen Verfassungsbestimmungen, die den Landtag zu einer Mitwirkung bei gewissen staatlichen Akten berufen, enthalten irgend welche Rechtssätze in dieser Richtung; da aber das Petitionsrecht kein unbeschränktes ist, da es nur innerhalb der Materien ausgeübt werden kann, die dem Wirkungskreis des Landtags zugewiesen sind, und da endlich mangels einer Einbeziehung in diesen Geschäftskreis dem Landtag jegliche Anteilnahme an der Verwaltungstätigkeit der Staatsregierung entzogen ist, so kann dem Satz, daß eben auf diesem Gebiet dem Landtag auch kein Petitionsrecht zusteht, eine gewisse Berechtigung nicht abgesprochen werden. Eine strenge Auslegung der Verfassungsbestimmungen über das Recht der Wünsche und Anträge und der Rechtsgrundsätze, die den Wirkungskreis der Stände umschreiben, muß dazu kommen, ein Petitionsrecht auf dem Gebiet der Regierungstätigkeit kurzweg zu verwerfen. Auch heute noch fehlt es nicht an Stimmen, welche ein weitergehendes Petitionsrecht ablehnen. Beschränkt man das Recht der Wünsche auf solche Gegenstände, welche direkt und unmittelbar mit Gegenständen dieses Wirkungskreises sich beschäftigen, dann bleibt allerdings kein Raum für das Petitionsrecht in Gegenständen, die in das Gebiet der Verwaltungstätigkeit des Staates einschlagen.

Wir teilen nicht in vollem Umfang diesen Standpunkt; so sehr nach den Bestimmungen der Verfassungsurkunde in § 19 Titel VII darauf gesehen werden muß, daß das Petitionsrecht nur im Rahmen der verfassungsmäßigen Zuständigkeit des Landtags ausgeübt wird, und so sehr wir uns dagegen verwahren, daß bestehende Satzungen eines Staatsgrundgesetzes einfach durch eine entgegenstehende Uebung der Stände außer Wirksamkeit gesetzt werden, so sehr glauben wir doch auf der anderen Seite für eine dem Petitionsrecht der Stände günstigere Auslegung der Verfassung eintreten zu müssen, ohne dem geltenden Staatsrecht bei dessen sinngemäßer Interpretation Gewalt anzutun und uns über dasselbe — wie es schon manchmal geschehen ist — hinwegzusetzen. Eine minder ängstliche, aber darum nicht weniger rechtlich zulässige Auslegung wird daher ein Petitionsrecht des Landtags auch in Richtung auf solche Gegenstände anerkennen, die nur in einer indirekten Verbindung, in einem mehr oder minder nahen Zusammenhang mit einem Gegenstand des ständischen Wirkungskreises stehen (vgl. die Ausführung des Reichsrats von Neumayr in Verhandlungen der K. d. R. 1885/86 III. Beilage Bd. S. 248 folgende, oben S. 74 ff.). Da wo also der gestellte Antrag das Gebiet des Regierungs- und Verwaltungsrechtes insbesondere das auf diesem Gebiet sich bewegende Verordnungsrecht der Krone berührt, wird ein solcher Antrag gleichwohl nicht außerhalb der Zuständigkeit des Landtags liegend zu erachten sein; unbestreitbar wird jedoch anerkannt werden müssen, daß Anträge, bezüglich deren gar kein solcher Zusammenhang, weder ein indirekter noch ein direkter, weder ein mittelbarer noch ein unmittelbarer erfindlich ist, durch die Bestimmung des § 19 Titel VII der Verfassungsurkunde als unzulässig zu erklären sind.

Während es auf der einen Seite nicht schwierig ist, unter Zugrundelegung der Verfassungsurkunde die einzelnen Gebiete des ständischen Wirkungskreises zu umschreiben, sofern man nur die

Gegenstände ins Auge faßt, die unmittelbar in diesen Geschäftskreis einschlagen, erscheint es auf der anderen Seite geradezu unmöglich, auch nur annähernd die Gebiete zu bestimmen, die in einem nur mittelbaren, aber nicht zu leugnendem Zusammenhang mit diesem Wirkungskreise stehen. Eines darf allerdings kurzweg ausgesprochen werden: undenkbar ist die Ausübung des Petitionsrechtes in all' den Gebieten, die dem ausschließlichen Regierungsrecht des Königs vorbehalten sind, sie muß aber auch dort zurückgewiesen werden, wo sie in Fragen des rein administrativen Ermessens der Staatsregierung hinübergreift. Man sollte glauben, daß heute, nachdem das parlamentarische Leben auf eine lange Praxis zurückblicken darf, darüber Klarheit bestände, daß es gewisse Kronrechte gibt, die jeglicher Einwirkung des Landtags und sei es auch nur im Wege der Wünsche entzogen sind, und doch haben wir in der historischen Darstellung des Antrags zu erwähnen Gelegenheit gehabt, durch den an die Staatsregierung die Bitte gerichtet wurde, auf eine wohlwollende Berücksichtigung der Begnadigungsgesuche hinzuwirken, welche damals von wegen Haberfeldtreibens rechtskräftig Verurteilten eingereicht worden waren (vgl. oben S. 82). So wenig es einem Abgeordneten verwehrt ist, bei der Besprechung dieser oder jener Materie den ebenso persönlichen, wie unverbindlichen Wunsch zu äußern, es möge die Krone von ihrem Begnadigungsrecht in einem gewissen Falle in möglichst weitgehendem Maße Gebrauch machen, so wenig ist es andererseits nach den Grundsätzen der Verfassungsurkunde angängig, einen solchen Wunsch zu einem förmlichen Antrag auszugestalten, um dadurch einen Gesamtbeschluß des Landtags herbeizuführen und die Krone nach Artikel 40 des Geschäftsgangsgesetzes von 1872 zu einer Erklärung über eine solche Frage zu verpflichten. Deshalb war es durchaus begründet, daß ein derartiger Antrag mit Entschiedenheit zurückgewiesen wurde.

Eine ähnliche Stellung ist gegenüber all den Anträgen einzunehmen, durch die das Recht des Königs auf Errichtung von Behörden und Besetzung von Staatsämtern in irgend einer Weise berührt wird. Wir haben bei der Aufstellung der allgemeinen Grundsätze über die Rechtstellung des Landtags auf Grund des bayerischen Staatsrechts betont, daß für die Lehre von der Gewaltenteilung in vollziehende und gesetzgebende Gewalt kein Raum gegeben ist, daß vielmehr der König als das Oberhaupt des Staates alle Rechte der Staatsgewalt in sich vereinigt; aus diesem Satz folgt, daß das Recht der Behördeneinrichtung ein Recht der Krone ist, und daß dem Landtag ein Mitwirkungsrecht daher nicht zusteht. Es sind zwar Beschränkungen dieses Organisationsrechtes nach zwei Richtungen hin denkbar, einmal hinsichtlich der Gesetzgebung und zum anderen durch das Budgetrecht des Landtags; durch die Gesetzgebung insoferne, als durch bestimmte Gesetze die Errichtung, Amtsgewalt, Zuständigkeit und dgl. festgelegt sein kann, so daß die Krone hiedurch in ihrem an sich freien Organisationsrecht gebunden ist, und durch das Recht des Landtags auf Mitwirkung bei der Führung des Staatshaushaltes insoweit, als die Einrichtung von Behörden in den meisten Fällen die Aufbringung von Mitteln erfordert, die nur geschehen kann, wenn der Landtag kraft seines Steuerbewilligungsrechtes hiezu seine Zustimmung gegeben hat. Diese Beschränkungen des Organisationsrechtes der Krone sind jedoch keine solchen, welche dieses in seinem Bestand treffen, sondern nur solche, die sich als Folge aus anderen verfassungsmäßigen Rechten des Landtags ergeben; sie sind daher nicht geeignet, die Einbeziehung des Organisationsrechtes in den Wirkungskreis des Landtags zu rechtfertigen; eine andere Frage ist die, ob nicht infolge des Steuerbewilligungsrechtes der Stände ein mittelbarer Zusammenhang zwischen diesem Organisationsrecht und dem Geschäftskreis des Landtags besteht und ob sich nicht aus diesem Gesichtspunkt die Ausübung des Petitionsrechtes in dieser Richtung denken läßt.

Wie die Errichtung der Aemter als solche, so ist auch deren Besetzung das alleinige Recht der Krone, und daher ist es nicht den Satzungen der Verfassung entsprechend, wenn der Landtag auf Grund seines Petitionsrechtes den Antrag stellt, es mögen diese oder jene Grundsätze bei der Besetzung gewisser Aemter seitens des Staatsoberhauptes berücksichtigt werden. Diese Erwägungen mußten denn auch den Antrag der Kammer der Abgeordneten aus dem Jahre 1901/02 bezüglich der Anstellung von Israeliten in der Justizverwaltung mit Recht in der Kammer der Reichsräte zu einer ablehnenden Verbescheidung führen.

Wie einerseits das Recht der Wünsche und Anträge gegenüber den verfassungsmäßigen Rechten der Krone Halt machen muß, so ist andererseits — wie wir schon ausgesprochen haben — dessen Hinübergreifen auf jene Gebiete nicht angängig, auf denen sich das freie administrative Ermessen der Staatsregierung betätigt: schon Zweckmäßigkeitserwägungen verbieten dies; denn es gibt eine Reihe von Fragen, deren Lösung sich nicht zu einer Behandlung und Entscheidung durch eine korporative Personenmehrheit eignen, sondern die nur durch die einzelnen Ministerien sachgemäß erledigt werden können. Außer diesen Gründen spricht gegen eine Ausübung des Petitionsrechtes nach der Richtung hin auch die Verfassung selbst, die eine Mitwirkung des Landtags nur bezüglich der einzelnen genau fixierten Gegenstände zuläßt, die jedoch eine solche Betätigung auf diesem Gebiete ausdrücklich fernhält. Deshalb geschah es durchaus mit Recht, daß die Kammer der Reichsräte im Jahre 1885 jenen Antrag der Kammer der Abgeordneten ablehnte, durch den eine Abänderung des Auslieferungsvertrages mit Rußland herbeigeführt werden sollte (vgl. oben S. 74 ff.). Die Möglichkeit und Zulässigkeit einer Besprechung und Kritik solcher Maßnahmen der Regierung ist keineswegs zu bestreiten; als unangängig dagegen muß es bezeichnet werden, hierüber in formelle Beratung mit dem Ergebnis einer Beschlußfassung einzutreten. Ebenso juristisch einwandfrei sind die Erwägungen, aus denen die Zulässigkeit einer Petition abgelehnt wurde, durch welche eine Modifizierung des Tarifabkommens zwischen der Staatsregierung und der Lokalbahngesellschaft München herbeigeführt werden sollte; auch ein nur mittelbarer Zusammenhang zwischen dem Wirkungskreis der Stände und einem derartigen Antrag kann nicht festgestellt werden.

Wir haben darauf hingewiesen, daß eine minder ängstliche Auslegung des staatsrechtlichen Begriffes „Wirkungskreis der Stände" dazu führt, in jenen Geschäftskreis auch die Gegenstände einzubeziehen, die nur in einem mittelbaren Zusammenhang mit diesem Wirkungskreis stehen, ohne daß man dadurch das Gebiet der Betätigung des Landtags über die verfassungsmäßig gezogenen Grenzen ohne rechtliche Begründung ausdehnt. Max von Seydel spricht sich in seinem Staatsrecht Band I Seite 357 über die Bedeutung einer sinngemäßen Auslegung etwa folgendermaßen aus: „Man wird im Zweifel die anzuwendende Bestimmung in demjenigen Sinne auszulegen haben, der für das Petitionsrecht der günstigere ist. Allerdings ist es im allgemeinen richtig, daß die Rechte des Landtags, soferne sie Beschränkungen der Ausübung der königlichen Gewalt enthalten, strenge auszulegen sind. Allein gerade auf das Petitionsrecht trifft die Voraussetzung für die Anwendbarkeit dieser Regel nicht zu; denn aus dem Rechte des Landtags, Bitten an den König zu richten, erwächst keine Beschränkung in der Ausübung der Herrschergewalt. Der König ist in seiner Entschließung völlig frei."

Eine Frage der sinngemäßen Auslegung ist es vor allem, inwieweit Wünsche und Anträge auf dem Gebiet der Verwaltungstätigkeit zulässig sind, wenn diese mit dem Steuerbewilligungsrecht des Landtags in einem zwar losen, aber immerhin nicht zu bestreitenden Zusammenhang stehen. In dieser Richtung haben wir schon eine Mitwirkung des Landtags überall dort ausgeschieden, wo der Exekutive ein entsprechender Spielraum gegeben sein muß, also überall dort, wo Ermessensfragen bei der Entscheidung maßgebend sind. Eine Reihe von Maßnahmen der Staatsregierung, bei denen diese Gesichtspunkte jedoch nicht vorwiegen, stehen andererseits infolge des Umstandes, daß solche Maßnahmen einen größeren oder geringeren Aufwand von Geldmitteln erfordern und daß neue Staatseinnahmen der Regierung hiezu nicht ohne die Zustimmung des Landtages erschlossen werden können, in derart engem Zusammenhang mit dem Geschäftskreis der Stände, daß eine Betätigung der Kammern in dieser Richtung im Wege der Ausübung des Petitionsrechtes nicht wohl ausgeschlossen werden kann.

Bei der Beurteilung der Stellung des Landtags zu dem

Staatsbudget sind zwei rechtliche Gesichtspunkte zu unterscheiden: einerseits das Recht der Steuerbewilligung und andererseits das Recht der Budgetprüfung (Tit. VII § 3. 4.). Nach der grundlegenden Darstellung des bayerischen Budgetrechtes durch Max von Seydel in seinem bayerischen Staatsrecht (Bd. II S. 535 ff.) kann über das Wesen und die rechtliche Ausgestaltung des Budgetrechtes auf Grund der Verfassungsurkunde in Verbindung mit dem Verfassungsverständnis von 1843 kaum mehr ein Zweifel sein (wir folgen im allgemeinen der dort vertretenen Rechtsauffassung).

Das Recht der Budgetprüfung bildet die Grundlage für die ständische Bewilligung der Steuern; denn die Bewilligung der letzteren setzt die Kenntnis des Bedarfs voraus, die nur durch Prüfung des Budgets erlangt werden kann. Diese Budgetaufstellung geschieht durch die Staatsregierung und ist ein Akt der Verwaltung; der Landtag hat hier nicht etwa ein Mitwirkungsrecht in dem Sinne, daß er zu dem Budget seine Zustimmung zu geben hätte, sondern er hat diesem gegenüber nur die Möglichkeit einer Prüfung der einzelnen Etatsansätze. Die Bedeutung dieser Prüfung ist jedoch keineswegs zu unterschätzen, denn sie erschöpft sich nicht in einer bloßen Kenntnisnahme dessen, was die Staatsregierung als Staatsbedarf aufgestellt hat, sondern aus ihr allein kann der Landtag ein Urteil gewinnen darüber, in welcher Höhe durch die von ihm zu bewilligenden Steuern oder Gebühren die Staatsbedürfnisse zu decken sind, insoweit die Mittel hiezu nicht ohne Bewilligung des Landtags der Staatsregierung zufließen. Auf Grund der durch diese Prüfung gewonnenen Erkenntnis von der Notwendigkeit und Höhe der erforderlichen Steuern haben die Kammern sodann die Steuern für die laufende Finanzperiode zu bewilligen, indem sie zur Erhebung der Staatseinnahmen ihre Zustimmung erteilen, zu denen diese gemäß § 3 Titel VII ausdrücklich nachgeholt werden muß. „Insofern indessen die Bewilligung von Mitteln nicht anders denkbar ist, als mit Rücksicht auf bestimmte Zwecke, d. h. hier Ausgaben, kann aus der Gebundenheit der Regierung in Bezug auf die Bewilligung der Mittel auch eine Gebundenheit in Bezug auf deren Verwendung für bestimmte Zwecke, gleichsam als Reflexwirkung sich ergeben; diese Gebundenheit ist gleichbedeutend mit dem, was das englische Recht als die Appropriationsklausel bei einer Geldbill bezeichnet" (Seydel, Staatsrecht II S. 581). Aus diesem engen Zusammenhang zwischen Budgetprüfung und Steuerbewilligung folgt, daß der Landtag berechtigt ist, gewisse Etatsansätze im Budget ganz zu streichen, wie ihm andererseits das Recht zustehen muß, solche Ansätze zu erhöhen oder überhaupt neue in Vorschlag zu bringen; denn durch Streichung, Minderung, Erhöhung oder Neueinsetzung gewisser Positionen im Budget gibt er eben zu erkennen, daß er entsprechend diesem nach seinen Vorschlägen modifizierten Budget im Finanzgesetz Steuern zu bewilligen beabsichtige. Dieses

Recht, gewisse Positionen des Budgets zu streichen, ist naturgemäß kein unbeschränktes; denn der Landtag muß jene Positionen als feststehend annehmen, die gesetzlich notwendig und zur Erfüllung gesetzlicher Vorschriften erforderlich sind, ebenso wie er nicht kurzweg Ausgabenposten streichen kann, deren Unumgänglichkeit zur Erfüllung eines gesetzlichen Staatszweckes unbestritten ist; ist einmal diese Notwendigkeit einer Ausgabe von einem Landtag als feststehend anerkannt, dann bleibt auch ein späterer Landtag in dieser Richtung gebunden. Dies folgt aus dem Grundsatz der Kontinuität des Staatslebens, das nicht den stets wechselnden Vertretungen des Volkes unterworfen sein kann. Ebenso wie die Streichung ist die Einsetzung höherer oder neuer Posten ins Budget möglich; jedoch darf der Landtag diese nicht mit einer Bedingung verbinden (Tit. VII § 9), eine Bestimmung, die den wohlerwogenen Zweck hat, die Staatsregierung nicht durch unmittelbaren Zwang in Abhängigkeit vom Landtag zu bringen; natürlich können darunter nur solche Bedingungen verstanden werden, die außer jeglichen rechtlichem Zusammenhang mit dem Budget stehen, nicht aber die bei jeder Steuerbewilligung selbstverständliche aus der Tatsache der bestehenden Appropriationsklausel zu folgernde Bedingung, daß die vom Landtag bewilligten Mittel nach dem Zustandekommen des Budgets zu dem von dem Landtag gewollten Zweck verwendet werden.

Es sei hier noch ausdrücklich betont, daß ein Ausgabenbewilligungsrecht, wie es die preußische Verfassung und im Anschluß daran die Reichsverfassung kennt, nach der bayerischen Verfassung nicht besteht; der deutsche Reichstag hat nicht — wie der bayerische Landtag — nur bei der Steuerfestsetzung eine zustimmende, dagegen bei der Etatsfeststellung eine bloß beratende Tätigkeit, sondern er hat das Recht der Zustimmung bezüglich der Etatsfeststellung überhaupt, also bezüglich der Festsetzung sowohl der Einnahmen, wie auch der Ausgaben. Seiner Zustimmung unterliegt nicht nur die Steuerfestsetzung, sondern die Festsetzung der Staatseinnahmen überhaupt, nicht nur die Festsetzung der Staatseinnahmen, sondern auch die Festsetzung der Staatsausgaben.

Dieser Exkurs auf das Gebiet des Budgetrechtes war nötig, um daraus die Grundsätze über die Bedeutung des Petitionsrechtes in dieser Richtung ableiten zu können. Die Tatsache nämlich, daß mit dem Budget, wenn auch nicht kraft der Bestimmungen der Verfassungsurkunde, so doch kraft ständiger Uebung ein Finanzgesetz verbunden ist, legt die Annahme nahe, daß, wenn die Regierung dem Landtag das Budget mit einem Finanzgesetz vorlegt, sie damit das Zustimmungsrecht der Kammern auch auf das Budget ausdehne; danach würde der Landtag dem Budget so gegenüberstehen, wie jeder anderen Gesetzesvorlage der Regierung, was für das Petitionsrecht zur Folge hätte, daß in der Richtung auf das Budget den Ständen dieses in gleicher Weise zukäme, wie es ihnen bezüglich anderer Gesetze auf Grund des § 19 in Verbindung mit § 2 Titel VII zusteht. Dieser Auffassung kann jedoch in dieser Allgemeinheit nicht Raum gegeben werden. Denn die Tatsache, daß der Landtag die Bewilligung der erforderlichen Steuern in der Form des sogenannten Finanzgesetzes erklärt, macht das Budget noch keineswegs zum Gesetz im materiellen Sinn, das Budget bleibt nach dem Willen der Verfassungsurkunde ein Verwaltungsakt, dem gegenüber dem Landtag nur das Recht der Prüfung zukommt; dies spricht auch die Eingangsformel des Finanzgesetzes deutlich aus, in der zwischen Beirat der Stände, der sich auf das gesamte Finanzgesetz bezieht, und Zustimmung unterschieden wird, welch' letztere nur, wie es § 3 Tit. VII vorschreibt, für die Erhebung der direkten, die Veränderung der indirekten Steuern und die Aufnahme etwaiger neuer Anlehen erholt wird.

Daraus, daß das Finanzgesetz kein solches „allgemeines neues Gesetz" im Sinne des § 2 Titel VII ist, folgt, daß aus diesem Gesichtspunkt dem Landtag kein Petitionsrecht bezüglich aller darin enthaltenen einzelnen Punkte zukommt; seine rechtliche Stellung zum Budget überhaupt und einem seiner vornehmsten Rechte, dem Recht der Steuerbewilligung bringt es jedoch mit sich, daß er verfassungsgemäß ein Petitionsrecht überall dort ausüben kann, wo der Gegenstand der Petition in unmittelbarer oder mittelbarer Beziehung zu dem Budget steht.

Bei dem engen Zusammenhang des Staatsbudgets mit der Verwaltungstätigkeit der Regierung, die in vielen Fällen ihrer Aufgabe überhaupt nur gerecht werden kann, wenn ihr die erforderlichen Mittel zur Verfügung stehen, und andererseits bei der Einbeziehung des Staatsbudgets in den Wirkungskreis der Stände, ist es geradezu selbstverständlich, daß der Landtag in diesen oder jenen Fragen durch sein Steuerbewilligungsrecht auf das Gebiet der Regierungstätigkeit hinüber gegriffen hat. Dies ist so lange rechtlich möglich, als der notwendige Zusammenhang zwischen dem Budgetrecht der Volksvertretung und dem Gegenstand der Petition, die sich auf die Regierungstätigkeit des Staates bezieht, gewahrt bleibt, muß aber in dem Augenblick als unzulässig zurückgewiesen werden, wo die Petition, wie wir gesehen haben, auf das Verwaltungsermessen der Exekutivbehörden einzuwirken versucht. Diese Erwägungen führen dazu, daß es dem Landtag unbenommen bleiben muß, einen Antrag etwa dahin zu formulieren, es möge ein Betrag in dieser oder jener Höhe in das Budget eingestellt werden, um hiedurch eine Erhöhung der Gehälter von Staatsbeamten oder Staatsbediensteten zu ermöglichen; zweifelhaft erscheint es dagegen, ob es auch zulässig ist, daß der Landtag, wie es im Jahre 1908 von seiten der Kammer der Abgeordneten geschah, vorschlägt, es möge jedem Arbeiter in den Staatsbetrieben eine Lohnerhöhung von 20 Pfg. zugebilligt werden; denn die Lohnfestsetzung an sich ist Sache der Verwaltungsbehörden; doch werden auch hiegegen ernstliche Bedenken nicht obwalten können, da einerseits zwischen dem Antrag auf Lohnerhöhung und dem Wirkungskreis des Landtags, in Sonderheit seinem Budgetrecht ein allerdings nur mittelbarer, aber zweifellos anzuerkennender Zusammenhang besteht, anderseits die Verfassungsurkunde bezüglich des Inhalts der gestellten Petition und des Grades der Bestimmtheit mit der ein Wunsch gegenüber der Staatsregierung zum Ausdruck gebracht wird, keinerlei einschränkende Vorschriften enthält. Anders verhält es sich mit jenen Anträgen, die sich auf die Regelung des Arbeitsverhältnisses in den Staatsbetrieben bezogen; denn dieses wird von der Staatsregierung als Arbeitgeberin unabhängig von der Einwirkung des Landtags geregelt, hat keinerlei Bezug auf den Wirkungskreis des Landtags und ist daher auch dem Petitionsrecht nicht zugängig.

Aehnliche Gesichtspunkte walten bei der Würdigung der Frage ob, inwieweit ein Petitionsrecht innerhalb des Verordnungsrechtes der Krone rechtlich denkbar ist. Unter Verordnung ist ein Gegensatz zu dem Begriff, „Gesetz in formellem Sinn", eine Anordnung zu verstehen, die vom König allein erlassen wird ohne Mitwirkung der Volksvertretung. Aus dieser Definition folgt, daß dem Landtag kein Anteil an dem Verordnungsrechte zukommt; auch ein Petitionsrecht in dieser Richtung wird man im allgemeinen nicht anerkennen dürfen. Es lassen sich jedoch auch hier Fälle denken, in denen jene verfassungsrechtlich nötigen Berührungspunkte zwischen Wünschen und Anträgen der Kammern und ihrem Wirkungskreis gegeben sind. So wird man wohl einen Antrag nicht als unbegründet bezeichnen, in dem der Landtag bei Verbescheidung eines Gesetzes bittet, die im Verordnungswege zu diesem Gesetz zu erlassenden Ausführungsvorschriften mögen diesen oder jenen Rechtsgedanken oder Grundsatz aufnehmen; ebenso wird ein Antrag, der darauf gerichtet ist, es möge durch Verordnung eine bestehende Unklarheit in einem Gesetze authentisch erläutert werden, nicht als unzulässig abzuweisen sein.

Bei allen Petitionen des Landtags, die nicht unmittelbar mit den Hauptgebieten der ständischen Betätigung dem Recht der Gesetzgebung und dem Recht der Steuerbewilligung zusammenhängen, ist daher stets die Vorfrage zu prüfen und zu bejahen, ob überhaupt ein Berührungspunkt mit dem Wirkungskreis der Stände gegeben ist, und darnach erst in die materielle Behandlung der Sache einzutreten. Lassen sich jedoch solche Berührungspunkte nachweisen, dann dürfen nicht engherzige Kompetenzerwägungen einen an sich zweckentsprechenden Antrag zu Fall bringen, ein zum Gewohnheitsrecht gewordener Grundsatz, der auch von beteiligten gesetzgebenden Faktoren anerkannt wird.

§ 13.

III. Das Petitionsrecht auf dem Gebiet der Reichsgesetzgebung.

Eine besondere Behandlung des Wesens und Umfangs des Petitionsrechtes hat die Frage zu beanspruchen, inwieweit die Ausübung eines solchen Rechtes dort möglich ist, wo die Petition auf das Gebiet der Reichsgesetzgebung hinübergreift. Die Grundlage der Beurteilung hat auch hier der § 19 des Tit. VII der Verfassungsurkunde zu bilden; diese Bestimmung konnte naturgemäß die Möglichkeit der Schaffung von Rechtsnormen, die für Bayern bindende Kraft haben, durch außerhalb Bayerns stehende gesetzgebende Faktoren nicht in Rücksicht ziehen; man hätte vielleicht dann in die Verfassung einen Satz etwa dahin aufgenommen, daß zur Annahme von Bundesgesetzen, die bestehende landesgesetzliche Rechtssätze aufheben oder abändern, die Zustimmung oder wenigstens der Beirat der Stände des Königsreichs nötig wäre; damit wäre auch ein Recht der Wünsche und Anträge im Sinne des § 19 Titel VII in dieser Richtung gegeben gewesen. — Die Novemberverträge von 1870 und deren Annahme durch die Landesgesetzgebung brachten eine völlige Neugestaltung der staatsrechtlichen Stellung Bayerns nach außen, gleichzeitig aber mußten sie auch auf eine Reihe innerstaatlicher Angelegenheiten von Einfluß sein; denn nunmehr wurden zur gesetzlichen Regelung und Verbescheidung einer großen Anzahl von Materien, die bisher durch die bayerische Gesetzgebung und somit unter der Anteilnahme und maßgebenden Zustimmung des bayerischen Landtags geregelt wurden, die gesetzgebenden Faktoren des Reiches berufen. Der Einfluß, den Bayern bei der Reichsgesetzgebung auszuüben in der Lage ist, wird nicht etwa durch die in Bayern gewählten Abgeordneten zum Deutschen Reichstag geltend gemacht; denn es gibt keine bayerischen oder preußischen oder badischen Reichstagsabgeordnete im staatsrechtlichen Sinn, diese vertreten vielmehr das ganze Volk, nicht einzelne Landesteile. Dieser Einfluß kann sich nur in der Stellungnahme der Vertreter Bayerns im Bundesrate äußern, die jedoch staatsrechtlich allein bestimmt wird durch die Instruktionen, die dem Bundesratsbevollmächtigten durch die Krone und die Staatsregierung erteilt werden; hiebei kommt den Einzellandtagen kein Mitbestimmungsrecht zu. Es vollzieht sich sohin die Reichsgesetzgebung ohne Mitwirkung des bayerischen Landtages und zwar auch dann, wenn durch diese bestehende bayerische Gesetze oder gar Verfassungsbestimmungen aufgehoben oder geändert werden sollten; der Rechtsgrund hiefür liegt darin, daß jene Verträge vom 23. November 1870 zwischen Bayern und dem norddeutschen Bund, die zunächst ja nur den Charakter völkerrechtlicher Abmachungen trugen, mit der Annahme durch die bayerischen gesetzgebenden Faktoren auch für diese bindende Kraft erhielten. Ohne Zustimmung des bayerischen Landtages geschieht auch eine Ausdehnung der Kompetenz des Reiches, durch die noch andere Materien, als die in dem Katalog des Artikel 4 und den sonstigen Bestimmungen der Reichsverfassung aufgezählten, der reichsgesetzlichen Regelung überwiesen und damit dem Wirkungsrecht des Landtags entzogen werden können; denn Abänderungen der Reichsverfassung — und Kompetenzerweiterungen sind nichts anderes als Aenderungen derselben — erfolgen nach Art. 78 der Reichsverfassung im Wege der Reichsgesetzgebung, sind also dem maßgebenden Einfluß des Landtags entzogen (— Kompetenz=Kompetenz des Reichs —); nur dort ist ein Mitwirkungsrecht des Landtages anzuerkennen, wo es sich um Aufhebung von sogenannten Reservatrechten handelt, d. h. von solchen Rechten bestimmter Einzelstaaten, durch die die an sich bestehende Kompetenz des Reiches zugunsten eines bestimmten Bundesstaates eingeschränkt ist; jene Vorschriften der Reichsverfassung, durch die bestimmte Rechte einzelner Bundesstaaten in deren Verhältnis zur Gesamtheit festgestellt sind, können nach Artikel 78 Absatz II nur mit Zustimmung des berechtigten Bundesstaates abgeändert werden; da, wo also kraft des Reservatrechtes die Kompetenz des Reiches sich auf einzelne Bundesstaaten nicht erstreckt, bleiben diese Materien der landesherrlichen Regelung überlassen; geschieht diese im Wege der Gesetzgebung, wie z. B. bei der Besteuerung von Bier und Branntwein oder bei der Regelung des Heimatwesens in Bayern, dann wäre zu einer Aufgabe des Reservatrechtes, weil diese zugleich die Aufhebung eines bayerischen Sondergesetzes mit sich führte, die Zustimmung des bayerischen Landtages erforderlich.

Dieser kurze Exkurs auf das Gebiet der Reichsgesetzgebung erschien nötig, um einerseits festzustellen, daß dem Landtag keinerlei Mitwirkungsrecht an der Reichsgesetzgebung zusteht, daß es aber eine große Zahl von Gebieten geben kann, auf denen Reichsgesetze unmittelbar in die Landesgesetze eingreifen und damit das Recht der Anteilnahme des Landtags an der Gesetzgebung berühren. Inwieweit sich hier die Ausübung des Petitionsrechtes denken läßt, ist nunmehr zu erörtern.

Eine ausdrückliche Bestimmung, die dieses Recht dem Landtag auch in dieser Richtung einräumt, gibt es nicht, da das Petitionsrecht allein auf § 19 Titel VII der Verfassungsurkunde fußt und Novellen zu diesem Paragraphen nicht ergangen sind. Nur unter analoger Anwendung der Rechtssätze, die wir aus jenem Paragraphen 19 zu gewinnen versucht haben, und nicht zum wenigsten unter Berücksichtigung der Praxis in Anwendung und Ausübung des Petitionsrechtes seit Beginn der Zugehörigkeit Bayerns zum Reich läßt sich ein Urteil in dieser Frage bilden. Wir haben an einer Reihe von einzelnen Fällen und Beispielen nachzuweisen versucht, daß zu Beginn der siebziger Jahre allerdings noch vielfach Schwankungen in der rechtlichen Beurteilung ob=

walteten, einerseits hinsichtlich der Zulässigkeit solcher Petitionen überhaupt, andererseits hinsichtlich ihrer formalen Behandlung, ob sie als Anträge im Sinne des § 19 Titel VII zu betrachten seien, oder nach den Formalitäten des Initiativgesetzes behandelt werden müßten; wir haben nachher festgestellt, daß sich allmählich eine ständige Rechtsauffassung herausgebildet hat, die von sämtlichen beteiligten Faktoren anerkannt wurde und die man heute wohl als eine gewohnheitsrechtliche Bildung ansprechen darf, deren Aufgabe es sein mußte, eine bestehende Lücke in der Verfassung sinngemäß und zweckentsprechend auszufüllen.

Daß ein in die Form des Ersuchens an die Staatsregierung gekleideter Wunsch, diese möge bei ihrer Abstimmung im Bundesrat durch ihre Bevollmächtigten in dieser oder jener Weise zu Gesetzesvorlagen Stellung nehmen, nicht nach den Vorschriften des Initiativgesetzes behandelt werden muß, bedarf keiner näheren Begründung; denn auch dann, wenn etwa durch gewisse Reichsgesetze verfassungsgesetzliche Bestimmungen des bayerischen Rechtes abgeändert werden sollen, bleibt ein solches Ersuchen des Landtages doch stets eine Petition nach § 19 Titel VII und wird nicht etwa wegen seines Inhalts zum Initiativantrag, zum formulierten Gesetzesvorschlag (vgl. oben S. 65); eine Petition des Landtags aber erfordert nie eine formelle Behandlung nach den Rechtssätzen über die Gesetzesinitiative, da durch das Gesetz vom 4. Juni 1848, wie wir gesehen haben, das Petitionsrecht des Landtags überhaupt nicht berührt wurde.

Eine strenge und möglichst einschränkende Interpretation muß dazu kommen, das Petitionsrecht des bayerischen Landtags in Bezug auf die Reichsgesetzgebung überhaupt abzulehnen mit der Begründung, daß diese eben nicht in den Wirkungskreis des Landtags gehöre, womit auch die rechtliche Möglichkeit der Ausübung des Petitionsrechtes entfalle. Wir haben uns zu dem Standpunkt bekannt, der eine dem Petitionsrecht günstigere Auslegung für rechtlich begründet erklärt und von diesem aus können wir das Bestehen eines Rechtes der Wünsche und Anträge im Sinne des § 19 Titel VII auch auf diesem Gebiete nicht kurzweg leugnen. Eine analoge Anwendung der bisher aufgestellten Grundsätze muß dazu führen, ein solches Recht überall dort anzuerkennen, wo der Gegenstand der Petition, sei es unmittelbar, sei es mittelbar, den Wirkungskreis des Landtags berührt; ergibt die Prüfung der Vorfrage nach der Zulässigkeit des Antrages solche Berührungspunkte, dann ist der notwendige Zusammenhang zwischen Wirkungskreis und Antrag hergestellt und damit für das Petitionsrecht und seine Geltendmachung Raum gegeben. Ein Blick auf die Handhabung in der Praxis bestätigt unsere Auffassung; diese Berührungspunkte zwischen der Gesetzgebung des Reiches und dem Wirkungskreis des Landtags können sich auf den verschiedensten Gebieten des Betätigungsrechtes der Kammern ergeben. Wir haben betont, daß die Ausdehnung der Kompetenz des Reiches sich als Akt der Reichsgesetzgebung ohne Mitwirkung des Landtages vollzieht; in solchen Fällen wird jedoch meist der Wirkungskreis des Landtages, dessen Anteilnahme an der Gesetzgebung getroffen und damit das Petitionsrecht des Landtages begründet (vgl. oben den Antrag betr. d. Ausdehnung d. Reichskompetenz auf das gesamte bürgerl. Recht S. 64). Nicht weniger eingreifend in die bayerische Gesetzgebung können unter Umständen Reichsgesetze sein, die bestehende bayerische Gesetze abändern oder aufheben, wie z. B. die Strafgesetze der 70er Jahre die Aufhebung der bisherigen, bayerischen Gesetzgebung zur Folge hatten; nur zu begründet erscheint es, daß der Landtag zu jenen Gesetzen, die so tief in bestehende bayerische Rechtszustände einschnitten, durch Wünsche und Anträge Stellung nahm und in seinem Sinn auf die Staatsregierung einzuwirken versuchte. Mit Recht dagegen wurde ein Eingehen auf jenen Antrag des Abgeordneten von Vollmar, die außerordentlichen Gewalten des Statthalters von Elsaß-Lothringen betreffend, abgelehnt, irgend ein rechtlicher oder tatsächlicher Zusammenhang dieses Antrags mit dem verfassungsmäßigen Geschäftskreis des Landtags kann hier nicht entdeckt werden (vgl. oben S. 78) Heute kann man an der Hand der Praxis feststellen, daß jegliche ängstliche Handhabung des Petitionsrechtes in dieser Richtung aufgegeben ist, daß vielmehr die Regierung es geradezu „als moralische Pflicht" bezeichnet hat (vgl. oben die Aeußerung des Staatsministers von Pfretzschner S. 66), die Meinung des Landtags dort zu hören, wo durch neu zu erlassende Reichsgesetze in bisher zur Zuständigkeit des Landtags gehörige Materien eingegriffen wird; ein beiderseitiges Entgegenkommen wird gerade auf diesem Gebiete Meinungsverschiedenheiten und Streitigkeiten ausschließen, solange nur von allen beteiligten Faktoren der Hauptgrundsatz in der Rechtsgestaltung des Petitionsrechtes festgehalten wird, daß die gestellte Petition und der Wirkungskreis des Landtags in einem gewissen inneren Zusammenhange stehen.

§ 14.

Schlußbemerkung.

Die kritische Würdigung des Verfassungssatzes über das Recht der Wünsche und Anträge im Sinne des § 19 Titel VII führt zu dem Schluß, daß wir in dieser Bestimmung nur den großen Rahmen zu erblicken haben, in dem das „Recht der Sprache" des Landtags sich betätigen sollte; Aufgabe der wissenschaftlichen Auslegung muß es sein, unter steter Bezugnahme auf die Behandlung der Frage im Landtag und auf die Rechtsauffassung der einzelnen Faktoren des Staates diesen Rahmen entsprechend auszufüllen und dem nur in den Grundzügen durch die Verfassung fixierten Recht festere Gestalt zu geben. Dabei dürfen heute keineswegs engherzige oder gar kleinliche Gesichtspunkte obwalten; denn aus einer weniger ängstlichen Auslegung und Handhabung gerade dieser Bestimmung können heute für den Staat kaum mehr Gefahren erwachsen. In einer Zeit mangelnder politischer und staatsbürgerlicher Reife, in der das parlamentarische Leben in Bayern noch nicht auf eine so lange Geschichte zurückblicken konnte, war es wohl begründet, daß man einer allzu lebhaften Betätigung des Landtages mehr entgegentrat; heute dagegen, wo das Verfassungsleben in 90 jährigem Bestand seine Kraft bewiesen hat, wo der Staat auf der sicheren Grundlage der Verfassung von 1818 sich zu einem festgefügten Staatsganzen entwickelt hat, heute, wo die stetig fortschreitende Zeit stets neue Ansprüche und Bedürfnisse zeitigt, wird man einer regeren Anteilnahme des Landtags an der Förderung des Staatswohles durch Aeußerung sachgemäßer Wünsche und Vorlage zweckentsprechender Anträge nicht mehr entgegentreten, sofern die Volksvertretung sich nur in ihrem Wirkungskreis bewegt, dessen Grenzen jedoch keineswegs allzu eng und einschränkend gezogen werden dürfen. Diese Erwägungen mehr tatsächlicher Natur dürfen bei der rechtlichen Würdigung des Petitionsrechtes nicht ganz aus dem Auge verloren werden, sie führen zu einer loyaleren Behandlung auftauchender Zweifelsfragen über die Berechtigung und Zulässigkeit gestellter Petitionen und zu einer sowohl die Rechte des Landtags wie die der Staatsregierung befriedigenden Lösung solcher Zweifel. Gerade der Umstand, daß die grundlegenden Bestimmungen über das Petitionsrecht des Landtages in der Verfassungsurkunde ganz besonders knapp gefaßt sind, erfordert eine sinngemäße Auslegung, nicht klebend an dem strengen Buchstaben des Gesetzes, sondern stets den Sinn und Zweck des Rechtes berücksichtigend.

FSC
www.fsc.org
MIX
Papier | Fördert
gute Waldnutzung
FSC® C083411

Kolibri 360 GmbH
Ferdinand-Jühlke-Straße 7
99095 Erfurt, Deutschland
produktsicherheit@kolibri360.de